От создания до свидания

Божественные принципы отношений, свиданий, брачного союза

Владимир Савчук

Авторские права © 2019 Владимир Савчук

Ответственный редактор: Любовь Касьянова

Перевод с английского и редактирование:

Алена Макушева, Татьяна Смирнова, Любовь Касьянова

Вычитка и корректура: Диана Журавлева, Дарья Голуб

Все права защищены. Никакая часть этой книги не может быть воспроизведена или использована в какой бы то ни было форме и какими бы то ни было средствами: электронными, механическими, включая фотокопирование, запись на пленку и другие средства хранения информации, без предварительного письменного разрешения владельца авторских прав. Исключение делается для рецензентов, желающих процитировать небольшие отрывки в своем отзыве, предназначенном для журнала, вебсайта, газеты, аудио и видеозаписи, теле и радиопрограммы.

Все цитаты из Писания соответствуют Русскому Синодальному переводу Библии.

Все права защищены.

ISBN: 978-1-951201-05-0

Посвящение

Эта книга посвящается каждому, кто ищет Божественные истины относительно отношений, свиданий, выбора супруга и брачного союза.

Содержание

Предисловие....................7

1. Любитель рыбы...............17

2. Настоящий ты.................43

3. Нет денежки — нет девушки........61

4. Подставное лицо...............81

5. Два сапога — пара 101

6. Усыпленное либидо 133

7. Бог предлагает — мы выбираем....151

8. Совет на миллион..............167

Как принять спасение?............198

Об авторе....................200

Как нас найти.................201

Ссылки......................202

Предисловие

Будучи еще подростком, я понял, что даром безбрачия меня Бог не наделил. Хотя идея быть похожим на Иоанна Крестителя и служить без каких-либо отвлекающих факторов, как писал апостол Павел, казалась весьма заманчивой. Я все же знал, что этого дара у меня нет. У меня было желание жениться, и уже одно это желание являлось для меня доказательством того, что никакого обета безбрачия я давать не буду.

Я родом из славянской пятидесятнической семьи. В этой среде создание семьи в ранней молодости и рождение как можно большего числа детей считалось 11-й заповедью. Мои родители, которые уже женаты более 32-х лет, вступили в брак очень молодыми, при чем после всего лишь двух месяцев знакомства. Поэтому, я ожидал, что это благословение жениться рано перейдет по семейной линии и на мою жизнь. Однако получилось не совсем так.

Мои родители с ранних лет прививали нам страх перед Богом, поэтому уже с юности я читал много христианских книг на тему создания семьи, встреч и свиданий, таких как "Я попрощался со свиданиями" (Джошуа Харрис). Из них я сделал вывод, что для принятия такого действительно важного решения, как женитьба, понадобится совет моего пастора и благословение моих родителей. Тогда я и решил, что ничего не буду предпринимать без одобрения и поддержки обеих сторон.

С тех пор как мне исполнилось 18 лет, я систематически приходил к своему пастору и говорил ему, что влюбился в кого-то. В ответ он останавливал мой пыл, говоря: "Она не для тебя". Я уходил в раздумьях, а через несколько месяцев, снова приходил к нему, с надеждой рассказывая о другой девушке, которую полюбил, и он реагировал так же. В итоге я стал бояться открывать ему свои чувства. Я начал подозревать, что он вообще не хотел, чтобы я когда-либо женился, а вместо этого стал как католический священник или монах посвящать все время только церкви и служению.

Во всяком случае, после нескольких неудачных попыток жениться я сам решил на время отложить в сторону романтические отношения и полностью доверить эту сферу в руки Бога. Я знаю, знаю, знаю, возможно, это звучит слишком духовно, слишком правильно из уст пастора. Но, поверьте, иногда нам, пасторам, бывает тоже очень сложно переложить ситуацию из своих рук в Божьи! Спустя какое-то время девушка по имени Светка Здорова прислала мне запрос в друзья на Фейсбуке. (Позже я узнал, что это была ее ненастоящая фамилия). В то время у меня был личный аккаунт, который позволял мне добавлять друзей. Я ни с кем не встречался, поэтому не видел ничего плохого в том, чтобы просмотреть её страницу. Я просмотрел все ее фотографии, и мне понравилось все, что я увидел.

Тем не менее я понимал, что фотографии не всегда раскрывают настоящую жизнь человека и внешний облик не всегда является подлинным отображением внутреннего человека. Соломон усвоил это на собственном горьком опыте; неудивительно, что именно он сказал, что красивая, но безрассудная женщина похожа на свинью с золотым кольцом в носу. Тот же принцип, кстати, можно применить и к парням. Красивая внешность без внутренней чистоты все равно что ювелирные украшения на свинье.

Изучив её аккаунт на Фейсбуке, я увидел, что Светка посещает молодежные служения "Поколения Истины", а с этим служением я был очень хорошо знаком: их молодежный пастор был моим другом, и я часто проповедовал у них на молодежных служениях и в лагерях. Когда я узнал, что эта девушка из Фейсбука посещает знакомую мне церковь, то любопытство мое разгорелось, и я решил понаблюдать за ней в следующий раз, когда буду там. Вскоре меня пригласили проповедовать на воскресном вечернем молодежном служении. Я отправился туда с миссией послужить и с целью попытаться найти и познакомиться с этой девушкой лично. Да простит меня Господь, ибо мотивы мои во время проповеди были не совсем чисты, и мысли были заняты не тем, о чем я проповедовал. Во время проповеди я увидел ее, сидящую во втором ряду, после чего моя проповедь начала терять смысл. Я пытался поскорее закончить служение, чтобы поближе познакомиться с ней и спросить, понравилось ли ей мое послание – проповедь, во время которой я был так сильно отвлечен…

Предисловие

Вообще-то холостым проповедникам и пасторам не всегда легко разговаривать с девушками или незамужними женщинами. А мне было вдвойне тяжелей, ведь я по сути был и остаюсь интровертом, поэтому временами я ощущаю себя крайне неловко, разговаривая с людьми, а на тот момент я, как никогда, остро ощущал это.

Итак, сокращаю историю. Во время разговора я ненавязчиво попросил номер телефона Светки (или Ланы, как ее называют сегодня). Мы встречались несколько месяцев, потом я сделал ей предложение. Затем мы поженились. Позже я расскажу о том, как после первого свидания я порвал с ней отношения, и о том, как узнал, что она была той единственной, предназначенной для меня. Но пока, давайте на время оставим нашу историю.

Если вы начали читать эту книгу, то, скорее всего, вы не женаты или не замужем и хотите вступить в брак. Возможно, в вашей жизни уже есть человек, но вы не уверены, от Бога ли эти отношения. Или, может быть, вы ни с кем еще не встречаетесь, может, вам даже рано ходить на свидания, но вы хотите подготовить себя к этому важному этапу в жизни. Я верю, что в следующих главах Бог будет использовать Свое слово, чтобы раскрыть глубже Его вечные принципы, которые сформируют у вас правильное понимание романтических отношений.

Вы, вероятно, читали Библию и знаете, что у некоторых библейских героев были очень неблагополучные семьи, поэтому их не стоит ставить в пример того, как найти жену или мужа. Ветхий Завет также полон примеров того, чего нельзя делать в отношениях, начиная с блуда до прелюбодеяния и многобрачия.

К сожалению, даже история царя Давида не является хорошим примером того, как найти супругу. Ему пришлось убить немало филистимлян, чтобы получить в жены ту девушку, которая ему понравилась. Вы точно окажитесь в тюрьме, если сделаете нечто подобное сегодня. Другой библейский персонаж, Вооз, купил участок земли, и в рамках договора недвижимости ему причиталась жена. Иаков семь лет работал для того, чтобы жениться на красивой девушке, но он не обратил внимания на мелкий шрифт в контракте, где прописывалось, что сначала он должен взять в жены старшую сестру. Так что в итоге он женился на обеих. Ой-ой! Так он понял, что нельзя служить двум господам. А Соломон получил жен из всех стран, с которыми заключил мирный договор. Это нелегкая цена за мир.

Предисловие

Еще было много людей, которых можно считать святыми, героями Библии, однако строить отношения их методами абсолютно не стоит. Впрочем, хочу заметить, что, несмотря на все их недостатки, Бог все равно использовал их, но, повторюсь, не стоит строить романтические отношения по их примеру.

Нынешнее общество также имеет неправильный подход к отношениям. Наше поколение более продвинуто в технологиях, у нас очень высокий уровень образования, а у многих столько научных дипломов, что на стену не помещаются, но счастья в личной жизни и отношениях из-за этого не прибавилось. Уровень разводов в нашем поколении действительно снизился, но это лишь потому, что пары перестали узаконивать свои отношения в принципе, а не потому, что общество научилось сохранять качество длительных отношений. К сожалению, многие просто предпочитают жить во грехе. Большинство людей полностью отказались от концепции брака, довольствуясь блудом и сожительством. Сегодня большая редкость встретить семью, где у всех детей одни и те же мама и папа, и при том они все еще живут в браке. А еще реже можно встретить такую семью, где у супругов, вдобавок ко всему, по-настоящему хорошие отношения.

Как я уже сказал ранее, мы не должны рассматривать отношения большинства библейских пар как эталон, так и не должны подражать современной культуре. Спешу заметить, что даже моя собственная история не является формулой того, как люди должны жениться. Я, например, нашел жену с помощью компьютерной "мышки". Сегодня многие люди нашего поколения также знакомятся со своими будущими супругами через интернет и приложения для телефона.

На кого же равняться? Кого все-таки следует брать за образец для знакомств и отношений? Ваши родители наверняка скажут вам, что то, как они поступили, это правильно. Многие хотели бы, чтобы их опыт и традиции стали стандартом для молодого поколения.

Когда фарисеи спросили Иисуса о разводе, они ссылались на закон Моисея как повод для развода, поскольку закон разрешал это. Но Иисус ответил:

"Моисей, по жестокосердию вашему, позволил вам разводиться с женами вашими, но с начала не было так" (Матфея 19:8).

Давайте обратим внимание на слово "позволил". Развод и многое другое, что мы находим в законе Моисея, было позволительно, однако, это не являлось совершенной волей Бога. Я верю, что есть дозволяющая воля Бога, а есть совершенная воля Бога. Для того, чтобы познавать совершенную волю Бога, мы должны постоянно обновлять свой разум, как сказано в Послании к Римлянам 12:1-2. Иисус — это совершенная воля Бога, открытая нам.

Несмотря на то, что было дозволено Моисеем и практиковалось еврейским народом, Сам Сын Божий указывает на тот факт, что изначальный и совершенный Божий план отношений и создания семьи был раскрыт *в самом начале,* то есть в первых двух главах книги Бытие: *"...но с самого начала не было так".* Иисус указывал, что план взаимоотношений, определенный Богом, Его совершенная воля открыта не в Моисее или Давиде, или Соломоне, а В НАЧАЛЕ.

Заметьте, народу Израиля из-за жестокосердия были позволены некоторые вещи, но они не являлись совершенной волей Бога. Однако, когда пришло спасение, то наши сердца изменились, а разум обновился через познание Его воли, чтобы мы могли жить в *совершенной* воле Бога, которую Он установил *в начале.*

Если бы вы сегодня просили Иисуса дать вам совет по поводу отношений и брака, Его ответ был бы точно таким же, как и тогда. Поэтому нам с вами нужно вернуться в начало. Мы можем учиться совершенной воле Бога на примере наших родителей, наших пасторов или людей, на которых мы стремимся быть похожими. Совершенная Божья воля раскрывается в первых главах книги Бытие.

В данной книге мы с вами детально рассмотрим первые две главы Бытия и то, какими Бог предопределил отношения между мужчиной и женщиной еще до того, как грех вошел в мир. Вы, конечно же, можете сказать: "Я уже читал первые две главы Бытия, и там совсем немного написано об отношениях". Я уверяю вас, к концу этой книги вы будете удивлены, как много, на самом деле, Бог открывает нам об отношениях именно в первых главах книги Бытие.

В первой главе мы с вами поговорим об основах взаимоотношений и о том, какими их видит Сам Бог.

1

Любитель рыбы

Вы любите рыбу? Подавляющее большинство из нас, скорее всего, ответят "да". А если вы мужчина, то наверняка вы любите ее ловить.

Я, например, очень люблю рыбу.

Впрочем, я хочу кое-что подметить по этому поводу. Чтобы полакомиться рыбой, сначала нужно найти приманку, насадить ее на удочку и обманом заманить рыбу на крючок. Затем вытащить рыбу из воды, бросить ее в ведро со льдом. Далее нужно принести рыбу домой, почистить, выпотрошить, поджарить и только тогда начать есть. После этих злоключений для рыбы многие люди все еще бесцеремонно говорят: "Я ЛЮБЛЮ РЫБУ".

На самом деле, мы любим не рыбу, а любим самих себя. Удивлены? Я хочу подчеркнуть, что вообще-то мы ищем восполнение своих потребностей: нам нравится вкус рыбы, она просто удовлетворяет нашу потребность. Если бы мы действительно любили рыбу, то заботились бы о ее благополучии; мы бы не обманывали ее, не позволили ей задыхаться в ведре, не потрошили бы, не замораживали, не жарили и тем более не ели бы её. Всё это мы делаем только ради собственного удовольствия. Дело в том, что любовь, которую мы испытываем к самим себе, в действительности убивает рыбу, и, несмотря на это, мы все равно говорим: "Я люблю рыбу".

Таким же образом некоторые люди порой любят друг друга, их отношения больше похожи именно на "любовь к рыбе". Такой любитель рыбы может *думать*, что полюбил человека, но по-настоящему он не любит другого, а ему просто нравится "на вкус" этот человек. Или, другими словами, ему нравится то, как другой человек заставляет его чувствовать рядом с собой. А когда чувства проходят, человек говорит: *"Я просто разлюбил"*.

***

Влюбиться

Если кто-то говорит, что *разлюбил*, значит до этого он *полюбил* кого-то. (Аналог слова полюбить или влюбиться "fall in love" в английском языке соответствует словосочетанию — "упасть в любовь"). Итак, когда кто-то говорит: "Я полюбил" ("упал в любовь"), это звучит очень мило. А теперь, пожалуйста, вспомните тот момент, когда вы в последний раз падали. Я уверен, что ощущения не совсем приятные. Падение, как правило, происходит незапланированно. Более того, люди часто из-за этого получают травмы. Не знаю, как вы, но я падаю только тогда, когда отвлекаюсь. Именно с этого начинается большинство влюбленностей: люди отвлекаются от Бога и погружаются в свои чувства и ощущения. Они "падают в любовь" и "лежат" там некоторое время, потом понимают, что совершили ошибку, встают и оправляются от падения. Это то, что мы называем "разлюбить".

> Настоящая любовь — это не яма, в которую можно случайно упасть, это путь, по которому нужно идти.

Упасть не сложно, сложнее двигаться к намеченной цели, делая шаг за шагом. Чтобы следовать пути, нужно идти, быть сосредоточенным на цели и дисциплинированным. Тогда, если вы споткнетесь и упадете, то обязательно встанете. У каждого, кто падает в кювет под названием "влюбленность", рано или поздно приходит момент осознания, и ему нужно выбираться оттуда. Вы скажете: "Пастор, но почему так происходит?" Дело в том, что часто мир называет любовью то, что на самом деле не является ею. Зачастую это ни что иное, как похоть и увлечение. Такая "любовь" не требует никакого труда, никаких жертв и самоотречения. Она очень похожа на любовь к рыбе: все для меня и обо мне. Однако слово Божье учит нас тому, что любовь — это не то, во что мы случайно падаем, это не только ощущения, которые мы испытываем в присутствии кого-то, любовь намного больше, чем чувства…

> Слово учит нас ходить в любви. Мир учит нас тому, что падать в любовь — это нормально.

Любовь — это...

> *"Любовь долготерпит, милосердствует, любовь не завидует, любовь не превозносится, не гордится,*

не бесчинствует, не ищет своего, не раздражается, не мыслит зла, не радуется неправде, а сорадуется истине; все покрывает, всему верит, всего надеется, все переносит. Любовь никогда не перестает" (1 Коринфянам 13:4-8).

Есть Божественное определение любви. Если вы внимательно прочитали стих выше, то в такую любовь случайно не упадешь. Это больше, чем чувство, это выбор. Вы когда-нибудь встречали человека с подобной характеристикой в своем резюме? Добрый, терпеливый, не ищет своего, но пользы другого, не гневается, не раздражается, всего надеется, все переносит и никогда не подведет? Я знаю только Одного, Кто обладает всеми этими качествами, и это не твой парень или твоя девушка. Это Бог. Он и есть Любовь.

Теперь давайте заменим слово "любовь" в этом стихе на слово "Бог".

"Бог долготерпит, милосердствует, Бог не завидует, Бог не превозносится, не гордится, не бесчинствует, не ищет своего, не раздражается, не мыслит зла, не радуется неправде, а сорадуется истине; все покрывает, всему верит, всегда надеется, все переносит. Бог никогда не подводит" (1-е Коринфянам 13:4-8).

Вы были созданы именно для такого рода любви. Дьявол знает, что мы отчаянно нуждаемся в такой любви. Он не может нам ее предложить, в нем ее нет. Взамен у него есть нечто, что издалека выглядит как любовь. Это похоть.

Как некоторые спиртные напитки (водка) с виду очень похожи на воду, так и похоть с виду похожа на любовь. Когда мы соприкасаемся с настоящей любовью, она исцеляет. Но соприкоснувшись с похотью, человек становится разбитым, как та бедная рыбка, которую обманом заманили, заморозили и поджарили.

Никто не ходит на свидания и не заводит отношений для того, чтобы ему разбили сердце. Нет, каждый пытается найти ту настоящую любовь. К сожалению, сегодня многие похожи на Иакова, который вроде бы женился на Рахили, а проснулся в кровати с Лией (Бытие 29). Люди торопятся вступать в отношения, ища любовь, однако, вскоре переживают разочарование и остаются разбитыми и сломленными духом.

Я верю, что Бог не создавал романтические отношения в качестве источника любви. Брачные отношения — это не то место, где люди должны получать любовь. Супружество – это то место, где люди будут отдавать любовь. Если бы свидания и брачный союз были источником любви, то в

Священном Писании было бы написано: "Брак — это любовь". Но там говорится, что Бог есть любовь. Повторюсь, в женитьбе или замужестве нужно отдавать любовь, а не искать ее. Проблемы начинаются тогда, когда человек, вступая в брачный союз, изначально

> Брачные отношения — это не то место, где люди должны получать любовь. Супружество — это то место, где люди будут отдавать любовь.

не имел в себе источника подлинной любви. Милые девушки, если вы найдете настоящую любовь до того, как найдете жениха, вы удивитесь, какой контингент парней вы станете к себе привлекать. То же самое касается и мужчин. Ребята, если вы найдете любовь до того, как найдете девушку, вы удивитесь открывшимся перспективам.

* * *

Дайвинг с акулами

Часто я встречаю девушек и парней, которые жалуются, что они нравятся только странным личностям, поэтому не могут найти себе достойную пару. Помню, как одна девушка заявила, что верующие парни похожи на парковочные места: все хорошие уже заняты, а единственные оставшиеся — места для инвалидов.

Ох! На что я ответил ей: "Эта проблема возникает только у тех, кто привык опаздывать в церковь".

Может быть, проблема не в том, *кто* нравится вам, а в том *кого* вы привлекаете к себе. Мир знакомств похож на огромное море, полное акул. Если у вас порез на теле и рана хоть немного кровоточит, не стоит заходить в воду, вас может атаковать акула. Эти создания издалека чуют запах крови. Поэтому, если вы не наполнены Божьей любовью, вы будете привлекать к себе похоть. Вы попадетесь на похоть, думая, что это любовь.

Что же делать? Какой выход? Рад, что вы спросили!

* * *

Сначала Творец — потом под венец

Прежде чем Бог сочетал Адама с Евой, Он привел человека в Свое присутствие. Я подчеркиваю, что Адам встретил свою девушку уже после того, как познал присутствие Господа. И прежде чем была создана Ева, был создан Эдемский сад.

Сначала Адам встретился с Творцом, а только потом с Евой. Прежде чем была создана Ева, был создан Эдемский сад.

Вне всяких сомнений Бог мог бы сотворить Еву в то же самое время, как Он творил Адама. Он Всемогущий и мог бы одновременно создать обоих. Но почему-то Он этого не сделал, почему-то Он помедлил, подождал. Итак, почему же Бог позволил быть целому сезону в жизни Адама, когда тот был один?

> Сначала Адам встретился с Творцом, а только потом с Евой. Прежде чем была создана Ева, был создан Эдемский сад.

Заметьте, что Адам был один ДО грехопадения. Значит, этот период, когда человек один и не в браке, — это не следствие греха, проклятия или какой-то болезни. Это время, запланированное Богом для определенной цели. Я верю, что Бог повременил с женитьбой Адама, чтобы показать грядущим поколениям мужчин и женщин Божественную модель романтических отношений друг с другом.

Сначала должны быть построены ваши отношения с Богом. Если вы научитесь входить и пребывать в Его присутствии, то ваши отношения с Богом станут надежным фундаментом для любых других отношений. Однако, если в период до брачного союза вы не научитесь быть счастливым в Боге, вы не сможете жить в гармонии с кем-то другим.

* * *

Отношения с Богом и романтические отношения

Только личные отношения с Богом могут восстановить и сделать нас полноценными. Романтические отношения будут, наоборот, выявлять наши слабости и недостатки. Никто и ничто не сделает человека целостным так, как присутствие Бога. Если ты думаешь, что человек, которого ты полюбил, восполнит твои слабости или недостатки, ты в опасном состоянии. Это говорит о том, что ты не чувствуешь себя полноценным.

> Только присутствие Бога приносит настоящее удовлетворение, все другие отношения выявляют наше несовершенство и то, что внутри.

Подчеркну, только присутствие Святого Духа способно полностью восстановить тебя изнутри. От Его присутствия человек преображается в Его образ и тогда становится способным любить другого человека Божественной любовью. Когда ты научишься пребывать в Его присутствии и позволишь Богу изменять себя, у тебя не будет завышенных ожиданий, ты не разочаруешься, если твой будущий муж или жена не будут поступать так, как Сам Мессия.

Присутствие Бога приносит настоящее удовлетворение в жизнь — все другие отношения проявляют наше несовершенство и то, что внутри. Отношения в браке подобны увеличительному стеклу: становится заметно то, кем ты являешься внутри. Если в настоящее время твой внутренний мир бедный и убогий, то, когда женишься или выйдешь замуж, это будет проявляться еще больше. Если ты сейчас уверен в себе, то человек, с которым ты свяжешь свою судьбу, скорее всего, поддержит и больше укрепит твою уверенность. Не думай, что женитьба — это чудо, которое спасает и решает проблемы. Брачный союз еще больше усилит то, что внутри тебя уже есть. Если ты страдаешь порнозависимостью или пристрастием к видеоиграм, женитьба не избавит тебя от этих бед. Поверь, ты не сможешь избавиться от пристрастия к порнографии из-за того, что в браке у тебя будет доступ к сексу. В действительности, когда ты женишься или выйдешь замуж, ты увидишь, что поддерживать здоровые сексуальные отношения не так просто, как просмотреть порнографию. У тебя не будет секса по щелчку мышки, ведь дело не только в тебе, дело также в твоей второй половине. Господь

Иисус — единственный, Кто способен исцелить любую рану и избавить от демонических зависимостей. Свидания, близкие отношения и вступление в брак не могут этого сделать, хотя частично могут помочь с некоторыми проблемами. Однако полного исцеления и освобождения не будет. Брак не решит внутренние проблемы, а увеличит то, что в сердце; а вот цель Мессии – дать тебе полноту жизни и настоящее удовлетворение. Не забывай об этом.

Человеку важно пережить любовь Бога и полюбить Его присутствие в период пока он один, а если не так, то в сердце будет пустота, от которой мы начинаем отчаянно искать любовь там, где ее нет. Самое печальное то, когда мы ищем утешение в парне или девушке, и верим, что брачный союз, как чудодейственный бальзам, способен исцелить нас от обид, горечи и зависимости. Если у вас нет близких отношений с Богом, вы начнете искать замену Бога в человеке.

> Близкие отношения с Богом удовлетворяют, все другие отношения выявляют то, кем мы являемся на самом деле.

Впоследствии придет разочарование, потому что в человеке невозможно найти то, что есть только в Боге. Это напоминает мне историю одной женщины, которая жаловалась, что до свадьбы муж называл ее "богиней", а после свадьбы он вдруг стал атеистом. Только в Боге есть полнота, которая может сделать вас целостным и полноценным. Вот поэтому Господь позволил Адаму побыть одному, холостым. Именно в этом периоде Бог поместил его в Свое присутствие, Эдем, и только потом подарил ему присутствие женщины.

* * *
А не пора ли на свидание?

Кстати, Адам был настолько увлечен Богом и Его присутствием, что даже не замечал, что у него не было пары. Только представьте, если бы Бог пришел к Адаму и сказал: "Адам, тебе нужен еще кто-то, потому что ты совсем один". Заметьте, это не Адам пришел к Богу со слезами, умоляя: "Господи, если Ты любишь Меня, пожалуйста, пошли кого-нибудь в мою жизнь, мне так одиноко".

Если вы отчаянно ищете свиданий, скорее всего, вы еще не познали, что такое Божье присутствие. Адам не говорил Богу, что ему кого-то не хватало, он даже не осознавал, что он один! И Богу пришлось его к этому подвести и указать на это. Вам нужно настолько погрузиться в Святого Духа, чтобы в правильное время Он Сам напомнил вам, что нехорошо быть человеку одному.

Некоторые молодые люди, пока холосты, боятся искать Бога всем своим сердцем. Возможно, вы считаете, что если посвятите себя полностью Богу, Он потом

> Вы готовы к свиданиям тогда, когда вы в них не нуждаетесь.

не позволит вам жениться и у вас никогда не будет своей семьи. Неужели вы думаете, что Бог хочет контролировать вашу жизнь в Своих только интересах, как отчаянный ревнивый парень? Бог не такой. Святой Дух не такой. Он добрый, и Его воля о вас благая. Проводить с Ним время — это лучшее, что вы можете делать в жизни. Бог действует в ваших же интересах. Он создал вас социальной личностью. Он — также Тот, Кто вложил в вас вашу сексуальность.

Раньше я реально боялся, что если я поставлю Бога на первое место и отдам в Его руки вопрос своей женитьбы, Он будет беречь меня только для Себя и не позволит мне сблизиться с кем-либо еще. Я боялся, что вдруг Бог захочет, чтобы я уехал ото всех и умер где-то в Сибири или дал обет безбрачия и стал подобным папе римскому. В тот момент именно история Адама о том, что Бог Сам призвал его искать себе подходящего помощника, развеяла мои страхи.

Молодые люди часто задают мне вопрос: "Когда можно уже начать встречаться?" Мой ответ всегда звучит так: "Когда вы в этом не нуждаетесь!" Другими словами, на свидания стоит ходить тогда, когда это не является вашей потребностью. Если вам НЕОБХОДИМО ходить на свидания, чтобы заполнить пустоту в сердце, успокоить душевные раны, убежать от проблем с родителями или преодолеть какую-либо зависимость — вы не готовы к свиданиям. Что вам действительно нужно — так это отношения с Духом Святым.

Когда вы ищете Бога и проводите время с Ним, Он преображает вас, делая вас целостной личностью. Тогда вопрос свиданий станет вопросом ЖЕЛАНИЯ, а не НЕОБХОДИМОСТИ.

> Наслаждайтесь Богом до того, как начнете ходить на свидания. Погрузитесь в Него настолько, чтобы другой человек, чтобы найти вас, должен был искать Бога.

* * *

Ходить и говорить с Богом

Давайте посмотрим на Адама и его отношения с Богом до того, как Бог привел к нему Еву. У Адама не было ни церкви, ни пастора, ни

Библии, но он знал присутствие Бога и знал Его голос. Ходить в церковь, читать Библию, посещать домашние группы, молиться, поститься, петь в прославлении и все остальное, что мы делаем, — это важно, но не цель, это всего лишь методы. Цель — познание Бога. Многие люди принимают водное крещение, молятся на языках со скоростью 500 километров в час, имеют в телефоне приложение "Библия YouVersion", и несмотря на все это, они не знают Божьего голоса и Его присутствия. Только Божье присутствие и Его голос меняют нас. Ходить в церковь, не пить, не курить, не посещать вечеринки в клубах — это все хорошо и правильно, но истинную любовь и силу мы обретаем только в присутствии Святого Духа.

* * *

Как рыбам нужна вода, а деревьям – земля...

Я верю, что пример совершенных отношений человека и Бога заложен в первой главе Бытия.

> *"Тогда Бог сказал: да произрастит земля зелень, траву, сеющую семя, дерево плодовитое, приносящее по роду своему плод, в котором семя его на земле. И стало так. И произвела земля зелень, траву" (Бытие 1:11-12).*

Бог повелел земле произрастить зелень и деревья. Так и произошло, она произвела их. Заметьте, что деревья произошли от земли и нуждаются в земле, чтобы жить. Это их среда обитания, без почвы они не смогут существовать.

> *"Тогда Бог сказал: да произведет вода пресмыкающихся, душу живую; и птицы да полетят над землею, по тверди небесной" (Бытие 1:20).*

Затем Бог повелел воде также произвести душу живую. После чего в воде появились рыбы и другие живые существа. Опять же, рыбы не могут существовать вне воды. Вода — это их среда, в которой они произошли и обитают. От пребывания в воде зависит их существование и благосостояние. Точно так же, как деревья произросли из земли, и им нужна земля, так и рыбы появились из воды, им нужна вода, чтобы полноценно жить.

> *"Тогда Бог сказал: сотворим человека по образу Нашему и по подобию Нашему, и да владычествуют они над рыбами морскими, и над птицами небесными, и над скотом, и над всею землею, и над всеми гадами, пресмыкающимися по земле" (Бытие 1:26).*

После того, как Господь сказал земле произвести деревья и воде произвести рыб, Бог сказал Самому Себе: "Сотворим человека". Бог триедин и по подобию Своему Он создал триединое существо (имеющее дух, душу и тело). Представьте, человеку нужна близость в отношениях с Богом точно так же, как рыбам нужна вода, а деревьям — земля. Я искренне верю, что до тех пор, пока мы не усвоим, что нуждаемся в Нем так же сильно, как рыбы в воде, а деревья — в земле, мы не поймем важности отношений с Ним и пребывания в Его присутствии. Дьявол всегда будет предлагать подделку Божьего присутствия — причем, это не грех, а религия. Религия, правила, церемонии не могут изменить нас, изменить могут только близкие отношения с Богом.

> Человеку нужна близость с Богом точно так же, как рыбам нужна вода, а деревьям — земля.

* * *

Как построить отношения с Богом:

1. Посвященность

В построении личных отношений с Богом я вижу две стороны: *посвященность* (жизнь в завете с Богом) и *посвящение* (время с Богом). Посвященность - это как верность в брачном союзе, а посвящение — это время, проводимое вместе, что-то вроде свиданий с человеком, с которым вы в союзе. Повторюсь, посвященность — это жизнь с человеком, а посвящение — это качественное время, проводимое с ним. Близкие отношения с Богом требуют как посвященности, так и посвящения. Все начинается с момента, когда вы полностью посвящаете свою жизнь Господу, вступаете с Ним в завет, и тогда Он вселяется в вас Духом Святым.

Ваши отношения с Богом — это ваша личная обитель с Ним, а не просто посещение собраний время от времени. Точно так же, как рыбам нужна вода, а деревьям нужна земля, так человеку нужен Бог. Бог хочет, чтобы человек пребывал в Нем. Не приходите к Богу только на посещение, научитесь пребывать в Его присутствии. Иисус сравнил Себя с лозой, а нас – с ветвями (Иоанна 15:5). Ветвь не подсоединяется к лозе по выходным, чтобы подзарядиться; она пребывает на лозе.

Бог никогда не хотел, чтобы ваши отношения с Ним были такими же, как у айфона и зарядного устройства. Айфон подключается к подзарядке, когда у него села батарейка. Телефону не нужно быть постоянно подключенным. Это не те отношения, которых ищет Бог, Он не хочет быть вашим зарядным устройством по выходным, Он хочет быть с вами в постоянной связи, постоянным источником, быть как супруг, с которым вы находитесь в союзе, с которым вы живете и общаетесь каждый день. Бог всегда искал невесту, а не проститутку, и не любовницу по праздникам и выходным.

Если вы не поймете этой истины, то вы сами будете ограничивать отношения с Богом только на тот отрезок времени, когда занимаетесь служением и ваши молитвы превратятся в религию. В этом совершенно нет никакого удовольствия. Впоследствии вы будете постоянно испытывать чувство вины, потому что не сможете соответствовать определенным правилам и требованиям; в этом суть религии. Было время, когда я не понимал этого, поэтому не раз испытывал чувство вины за то, что не молился или не читал Библию день или два. Мне казалось, что Бог на небесах ведет учет, сколько я читаю Библию и сколько молюсь, чтобы потом определить меру, по которой благословить меня. Однако позже, когда я женился, я стал смотреть на многие вещи по-другому. Если я не проводил время в Его присутствии день или два, это стало равносильно тому, если бы я не видел свою жену неделю — я бы не чувствовал себя виноватым, но я очень сильно скучал бы по ней. Религия вызывает чувство вины, но близкие отношения с Богом вызывают жажду к

Нему и влекут нас идти глубже. Если ты не имеешь время помолиться, Бог страстно скучает по тебе, а ты по Нему. Когда ты совершаешь ошибку, Бог не выкидывает твои вещи из дома и не выставляет тебя на улицу. Я, бывало, огорчал жену своими обидными словами или поступками, но от этого я не терял с ней брачного союза. Что я действительно терял — это близость с ней. Так же и с Богом. Когда вы согрешаете, вы не теряете отношений с Ним, вы теряете близость с Ним. Моя жена не развелась бы со мной из-за того, что я забыл вынести мусор, но это могло бы повлиять на нашу близость.

* * *

Как построить отношения с Богом:

2. Посвящение

Как я уже говорил, посвященность — это заветные отношения с Богом, а посвящение — это время, проведенное с Ним. Заветные отношения должны привести нас к близости с Ним, что является нашим посвящением Господу. Многие вступили в завет с Ним, однако, не развили личных близких отношений с Богом.

Каждая супружеская пара знает, что можно жить вместе, но не иметь близких отношений вообще. Я знаю семьи, которые состоят в законном браке, но живут как соседи по общежитию: один супруг спит в одной комнате, а другой – в другой комнате. Они время от времени пересекаются, но в их отношениях нет ни страсти, ни огня, ни близости. Вот так же выглядит жизнь некоторых христиан, которые верят, что Бог всегда рядом, но на самом деле они никогда не проводят с Ним времени, не познают Его ближе, не жаждут Его присутствия, чтобы переживать Его славу.

Мы должны понять простую истину: посвящение Ему — это качественное время с Ним, в Его присутствии, где главным является Он Сам. Есть методы, способы, советы, как входить в присутствие Бога, и все это неплохо само по себе, но исполнение этих шагов не является целью. Когда ученики спросили Иисуса о том, как молиться, Он направил их внимание на Личность: не "как" молиться и какие слова говорить, а "Кто" в центре внимания. Ошибка многих в том, что мы сосредотачиваем много усилий на том, "как" молиться, а не на Самой Личности, в присутствие Которой мы входим. Для меня личная молитва похожа на свидание со своей женой. Не важно, куда именно мы идем, а важно время вместе, чтобы насладиться общением с тем, кого я люблю.

Молитва, чтение слова, пост, хвала и прославление — все это методы прийти к цели, а сама цель - это

Божье присутствие и познание Его. Не делайте из молитвы религию, сама молитва не изменяет вашу жизнь. Мусульмане тоже молятся и буддисты молятся, даже атеисты молятся, когда сталкиваются с проблемами. Повторюсь, молитва — это путь в присутствие, цель — присутствие Бога. Если вы однажды посвятили свою жизнь Богу, но ваша жизнь лишена Его присутствия, спешите изменить это! Поставьте целью искать Его присутствие. Ожидайте Его, пребывайте в Нем, делайте все возможное, чтобы переживать прилив Его славы в вашей тайной молитвенной комнате. Только тогда ваша *посвященность* и *посвящение* Богу станут наслаждением, и в результате вы увидите, как преобразится ваша жизнь.

Раньше я читал Библию, как руководство для успешной жизни. Поймите меня правильно, в ней действительно содержатся Божьи принципы и законы, но главная цель — привести нас к Личности. Это карта маршрута в присутствие Божье. Библия, особенно Псалмы, содержит ключи, открывающие двери к сердцу Бога. Не читайте Писание так же, как это делали фарисеи; они знали его наизусть, но распяли ее Автора. А вот Адам не имел Библии, но он знал голос Божий и Его присутствие.

Ключ к Божьему присутствию прост: поверить в то, что Бог любит ваше присутствие намного больше, чем вы любите Его присутствие. Помню время, когда в моей молитвенной жизни был довольно сухой сезон. Я чувствовал, что молиться по утрам стало бременем для меня. Просыпаться рано было тяжело, к тому же я не видел в этом пользы, мне хотелось все прекратить. Помню, как я сказал Богу, что для нас обоих будет лучше, если я перестану вставать ни свет ни заря и ехать каждое утро в церковь на молитву, в том состоянии, в котором я приезжал не было ни наслаждения, ни смысла, а только бремя. Я почувствовал, как Бог ответил в мое сердце: "Я люблю твое присутствие намного больше, чем ты когда-либо мог бы любить Мое". Поверьте, я очень люблю Божье присутствие, но то, что Бог любит мое присутствие, было для меня открытием. Я понял, что Бог дорожит моим присутствием и любит, когда я прихожу к Нему. Он заплатил высокую цену, чтобы обрести меня. Мне ничего не стоило обрести Бога, а приобрести меня, Ему стоило всего. Когда я какое-то время не чувствую Его присутствия, я все равно прихожу, я сижу и ожидаю, я напоминаю Богу, что Он так сильно любит меня, поэтому я пришел, чтобы просто побыть с Ним. Помню однажды я сказал в молитве: "Господи, я не ощущаю Тебя. Я давно не чувствую

Твоего присутствия, но я здесь. Я знаю, что Ты любишь меня. Я знаю, что Ты дорожишь моим присутствием. Поэтому я пришел, я здесь, Ты можешь наслаждаться мной, я весь Твой". Сразу после этих слов, водопад Божьей славы обрушился на меня. Бог любит ваше присутствие и дорожит временем, проведенным лично с вами.

Когда вы станете практиковать эти оба принципа в своих отношениях с Богом, только тогда ваша жизнь по-настоящему начнет преображаться. Это станет основой здоровых отношений.

> Посвященность — это принадлежность в отношениях.
>
> Посвящение — это близость в отношениях.

Итак, первоначально, мы должны осознать свою потребность в близких отношениях с Богом, далее усвоить, кем являемся в Нем, и только потом идти на свидания. Понять, кто вы в Нём, — это очень важный шаг, о котором мы поговорим с вами в следующей главе.

ОТ СОЗДАНИЯ ДО СВИДАНИЯ

2

Настоящий ты

Однажды девочка задала маме вопрос: "Откуда появились все люди?" Мама ответила: "От Бога. Он создал нас по образу и подобию Своему". Тогда девочка решила спросить папу и пошла к нему с тем же вопросом. Отец, не задумываясь, ответил: "От обезьян. Все началось с большого взрыва, потом появились обезьяны и мы эволюционировали от них, и до сих пор все еще эволюционируем". Малышка в недоумении пошла снова к маме: "Мама, а почему папа сказал, что мы произошли от обезьян, а ты сказала, что от Бога? Кто же прав?" Мама ответила: "Доченька, мы оба правы. Я рассказала тебе о своих родственниках, а твой папа поведал откуда появились его родственники".

Понимание твоего происхождения играет важную роль в личной самооценке и формировании личности. Большинство школ Америки учат детей тому, что люди произошли от обезьян. Неудивительно, что некоторые дети начинают вести себя как одни из них! Система образования перестала обучать воздержанию от секса, а вместо этого преподают о том, как иметь безопасный секс. Школы считают слишком сложным научить подростков говорить "нет" добрачным отношениям, поэтому в рамках обучения здоровому образу жизни раздают презервативы и снабжают контрацепцией. Детям годами внушали, что они — животные высокого ранга. Животные — это существа, которые имеют тело, но не имеют духа. Их невозможно научить воздержанию, они не контролируют свою сексуальностью, и не могут по-другому. Если система образования внушает детям, что те принадлежат к категории животных, то как мы можем ожидать, что они будут вести себя лучше таковых? Не стоит удивляться тому, что подростки ведут себя подобно животным, которыми управляют их инстинкты сексуальности.

Чтобы сформировать в подрастающем поколении нравственность и чистоту, прежде всего нужно объяснить им, кто настоящие они. Зачастую проблемы молодых людей вызваны не столько безнравственностью вокруг, сколько кризисом идентичности. Это может быть связано с негативным опытом в детстве, но чаще именно с обучением, которое навязали детям в школах и учебных заведениях. Чтобы справляться со своей сексуальностью так, как задумал Бог, мы должны прежде всего понять, кто мы на самом деле.

* * *

Основанный на скале

Итак, кто же настоящий ты? Чтобы разобраться *кто* ты, нужно понять *чей* ты на самом деле. Твои физические характеристики передаются тебе от родителей, но твоя подлинная идентичность и начало передаются от Создателя.

Мудрый человек построит свой дом на скале, а глупый на песке (см. Матфея 7:24-27). Для постройки здания прежде всего находится твердое основание, на котором закладывается прочный фундамент, и все это играет существенную роль. Прежде чем вы начнете строить жизнь и с кем-то встречаться, следует заложить фундамент на прочном основании. Благословения, которые Бог предопределил для вашей жизни выдержат все испытания, если заложить фундамент на правильной основе. Фундамент, о котором я говорю, это понимание вашей идентичности, настоящий вы, кем вы являетесь в Боге. А для основания есть только два варианта: либо вы строите на скале, либо на песке. Первый вариант — очень прочный. Скала, о которой я говорю, — это Личность, это Сам Иисус Христос. Он — надежная и вечная Основа, краеугольный Камень, Который отвергли строители, но Он — твердое основание того, кем вы являетесь! Второй вариант – песок. Он будет зыбким и неустойчивым основанием. Песок олицетворяет все остальное, на чем человек может строить свою жизнь и черпать самооценку.

> Мы осознаем *кто* мы, когда узнаем *чьи* мы.

Песок внешности. Красивая внешность — это, конечно, подарок от Бога. Однако это абсолютно негодный материал, чтобы основывать на ней свою ценность и достоинство. Царь Саул имел красивую внешность, при этом страдал от комплекса неполноценности. Он был настолько неуверенным в себе, что в день своей инаугурации прятался в обозе. Из-за того, что Саул не основывал себя на Боге, на твердом основании, он опасался мнения людей, в итоге был непослушен

Богу, мучим нечистыми духами, боролся с завистью всю свою жизнь, и в конце концов у него развилось психическое расстройство. Вы обманываетесь, если считаете, что красота вам поможет и что будь вы красивее, ваша жизнь наладится! В таком случае ваша внешность станет вашим идолом, и тем зыбким песком, на котором опасно строить жизнь. Конечно, мы все должны следить за своим внешним видом, но на внешности не должна строиться ваша идентичность. Не позволяйте зеркалу в ванной комнате определять ваше достоинство и вашу ценность. Только зеркало Божьего Слова покажет то, кем вы являетесь на самом деле; обращайтесь почаще именно к этому зеркалу.

Песок титулов и заслуг. Неуверенные в себе люди стремятся иметь титулы, чтобы поднять свою самооценку, но те, кто основывает свое достоинство в Боге, служат людям не из-за титулов и не для шоу. На тайной вечере ученики тоже спорили о том, кто из них больший и кому достанется высшее место в царстве Иисуса. При этом Христос, зная, что Отец отдал Ему все, и что Он от Бога пришел и к Богу уходит, встал, взял полотенце, подпоясался, и начал мыть ноги ученикам. К сожалению, сегодня так много людей приходят в служение не для того, чтобы послужить людям, а чтобы избавиться от своих комплексов неполноценности. Они думают, что прожекторы, аплодисменты и чудеса восполнят их чувство достоинства и самооценки. Служение — это не лекарство. Если вы начинаете служить, чтобы поднять самооценку, ваши мотивы не помочь людям, а использовать служение, чтобы помочь собственному раненому эго. Это опасное состояние. Поэтому, подражайте Христу во всем, тогда вы точно будете знать, кто вы, что должны делать и куда направляться. Укореняйте себя в Боге, в том, кто вы в Нем, только тогда вы будете способны послужить ближнему, не придавая много значения титулам и мнениям людей. Именно эта позиция сохранит вас, чтобы не черпать свои силы от человеческих комплиментов, а также не быть сломленными их критикой. Неуверенный человек будет иметь страх перед людьми, а это ловушка дьявола. Вы не сможете по-настоящему послужить людям, потому что будете озабочены, как угодить им. Живите перед Богом, чтобы угождать Ему. Ваше достоинство должно основываться не на мнениях людей о вас, а на присутствии Бога. Страх перед мнением людей, а также титулы и заслуги — это зыбучий песок, не основывайте свою жизнь на этом.

Песок богатства. Богатство — это благословение от Бога, но ни в коем случае не стройте свою самооценку и достоинство на нем. Апостол Павел предупреждал Тимофея, чтобы он наставлял богатых не гордиться (см. 1 Тимофею 6:17). Не позволяйте богатству определять нашу ценность. Когда растут ваши доходы, должны увеличиваться пожертвования, а не ваша самооценка. Если чувство достоинства растет вместе с богатством, значит оно раздувается без причины и вскоре будет похоже на воздушный шар, большой и круглый, внутри которого пустота. Все, что нужно для проверки — это одна маленькая иголка и — БАБАХ! Не сложно догадаться, во что превратится этот надутый шарик. Не живите с завышенной самооценкой, острые предметы и ситуации могут легко проткнуть этот шарик. Стройте свою ценность на Боге, это все равно, что строить дом на скале. Если вы ткнете иглой в скалу, сломается игла, а не камень. Заметьте, скала не растет, а остается такой же. Поэтому, не важно, сколько у вас богатства, достижений, денег на счету и как быстро это все растет. Ваше достоинство должно оставаться твердым, поскольку оно основано на Боге, а не на зыбучем песке материальных ценностей.

Песок неудач. Неудачи, падения, потрясения, разочарования — это события, а не характеристика личности. Это должно шлифовать нас, а не определять то, кем мы являемся. Дьявол будет усердно стараться, чтобы вы определяли себя грехами прошлого. Многие из вас не раз читали историю о женщине, страдающей кровотечением (см. Матфея 9:20-22). Интересно то, что мы даже не знаем ее имени. Она известна как "женщина, имевшая кровотечение". Её диагноз впоследствии стал ее ярлыком, из-за которой ее все знали. Болезнь была ее характеристикой. Однако после прикосновения к Иисусу она была полностью исцелена. Что интересно, в тот момент Иисус назвал ее "дочерью веры". Не женщиной, а дочерью. Он не обратился к ней в соответствии с ее проблемой, Он назвал её тем именем, кем она являлась в сущности — дочь.

> Неудача — это только событие, поэтому прошлое должно шлифовать вас, а не определять то, кем вы являетесь.

Сатана пытается навязать вам ярлыки и ветхую природу; это единственная информация, которой он обладает, ведь он ничего не знает о вашем будущем. Иисус же, зная и прошлое, и будущее, называет вас новым именем. Кстати, Бог часто переименовывал людей, чтобы помочь им изменить то, как они видели самих себя. Во Христе вы — новое творение; а старое прошло.

К сожалению, многие христиане живут с менталитетом "восстановленной после аварии машины", которую до этого списали. Я имею такую машину, по документам она числится как "восстановленная после списания из-за аварии". Такие машины на аукционе можно приобрести намного дешевле, их можно отремонтировать и они будут как новые. Но из-за записи в реестре истории, их себестоимость намного ниже. Хотя автомобиль может выглядеть совершенно новым, даже пахнуть как будто с завода, но в бардачке имеется документ, подтверждающий ее историю и настоящую ценность. Этот документ содержит фразу, знакомую большинству славян в Америке: "битая машина" или "списанная после аварии". Послушайте, многие люди в своей жизни пережили какую-то "аварию". Может быть и вы, читая эти строки, ассоциируете себя с такой машиной: вы списали себя, потому что блуд, наркотики, алкоголь и другие грехи, и происшествия разрушили вашу жизнь в прошлом. Я хочу ободрить вас, Иисус пролил Свою кровь, чтобы дать вам новое рождение! Дьявол пытается характеризовать вас старой жизнью и заставить думать, что ваши "аварии" определяют вашу ценность. Но запомните, вы — *новое* творение во Христе. Не восстановленное, не реставрированное, а новое! Поэтому основывайте свое достоинство на Христе, Он ваша скала. В противном случае люди, узнав ваше прошлое, быстро повесят свои ярлыки, и ваша жизнь начнет строиться через призму их ярлыков, вы станете постоянно недооценивать себя. Если вы потеряли девственность или употребляли наркотики, не позвольте дьяволу приписать эти ярлыки вашему возрожденному духу. Не стройте свое достоинство на прошлом, основывайте его на завершенной работе Иисуса Христа, на Его крови, на истине, что говорит о вас Бог. Тогда, и только тогда, вы сможете иметь будущее, предназначенное Богом для вас. Не соглашайтесь на меньшее, Бог приготовил для вас большее!

Настоящий ты:

1. Твоя самооценка должна брать начало от Создателя

"Итак, Бог сотворил человека по Своему образу и подобию; по образу и подобию Божьему сотворил его; мужчину и женщину сотворил их" Бытие 1:27.

Самовосприятие — это то, как человек видит самого себя. Самооценка похожа на поводок, от которого зависит, как далеко вы сможете пойти. Низкая самооценка подобна привязанной собаке, которая не может идти дальше, чем позволяет поводок. Этот "поводок" ограничивает ваш потенциал и влияет на мнение человека о самом себе, а во многих случаях мешает даже Богу использовать его. Люди с низкой самооценкой нередко прибегают к браку, чтобы избавиться от своих комплексов. Романтические отношения часто являются их попыткой избавиться от неуверенности. Однако независимо от того, сколько любви, подарков и внимания такой человек будет получать, этого всегда будет недостаточно.

Ваше достоинство должно строиться и утверждаться в Боге, прежде чем вы вступите в союз с другим человеком. Интересно, что Господь открыл Адаму его идентичность, кем он является, прежде чем на сцене появилась Ева.

Бог лично творил Адама. В отличие от остального творения, которое Бог создал словом Своим, Господь лично принимал участие в сотворении Адама из праха земного. Точно так же Бог сотворил и вас. Вы были созданы прикосновением и непосредственным участием Творца, поэтому вы всегда будете жаждать Его прикосновения. Именно потому, что Бог творил человека Своими руками, в вашем сердце вы всегда будете жаждать прикосновения Его руки.

Бог сотворил Адама по подобию Своему. Человек несет в себе подобие Бога. Поэтому дьявол ненавидит человека, мы напоминаем ему образ Божий. Когда Господь создал растения и животных, Он создал их "по роду своему"; эта фраза встречается десять раз в книге Бытия 1:11-25. Но, когда Бог творил Адама, Он творил его по образу Своему, образу Божьему. Однажды фарисеи спросили Иисуса, должны ли они платить дань кесарю. В ответ Иисус попросил принести Ему динарий. Монета носила изображение кесаря. Иисус сказал: *"Отдавайте кесарево кесарю, и Богу – Божье"* (Марка 12:17). Человек носит образ Божий, следовательно принадлежит Ему. Вы являетесь подобием и образом Творца. Перестаньте определять свою ценность по мнению людей и количеству лайков в социальных сетях. Вы отображаете образ Божий, Он определяет вашу ценность и достоинство.

Бог благословил Адама и сказал о нем: "Весьма хорошо". Благословил — значит наделил силой для процветания. Благословение — это больше, чем материальные ценности, это сила для умножения и роста. В Боге вы уже благословлены, точно так же, как Адам был благословен в Боге. В вашей идентичности заложено благословение, а не проклятие. Это означает, что вы наделены силой расти и преуспевать. Когда Бог увидел все, что Он создал, Он сказал: "Весьма хорошо". Прямо сейчас вам лично нужно услышать это от Бога — ТЫ ОЧЕНЬ ХОРОШИЙ! Да, именно ты. Бог не совершил ошибку, создав тебя таким, какой ты есть. Ты — шедевр, созданный дивно и чудно. Ты — лучшее творение Бога. Он восхищается тобой.

Этой истины вполне достаточно, чтобы разбить вдребезги всю твою низкую самооценку. Прими то, что Бог говорит о тебе, обнови свой разум и Его истина сделает тебя свободным. Все остальное, что ты видишь и чувствуешь — просто факты. Помни, факты меняются, но истина остается вечно.

* * *

Настоящий ты:

2. Достоинство восстановлено на кресте

"И сказал Господь Бог: кто сказал тебе, что ты наг? не ел ли ты от дерева, с которого Я запретил тебе есть?" (Бытие 3:11).

Тело Адама было славным, однако после того, как он отведал запретный плод, он ощутил стыд в своем теле. Он не поправился, не изменился внешне. Его тело было таким, как и раньше, но пришел стыд и неполноценность. Многие из нас страдают неполноценностью, когда начинают сравнивать себя с другими. Адаму не с кем было сравнивать себя, чтобы чувствовать это. Однако он ощутил стыд, так что стал прятаться и прикрываться фиговыми листьями. Даже после того, как он оделся, он продолжал стыдиться. Интересно подметить, что грех прежде всего принес стыд и неуверенность, а после принес болезнь и смерть. Стыд, неуверенность, ощущение неполноценности — это те чувства, которые Адам испытал, съев плоды не с того дерева. Если вы осознаете свою "наготу", вероятно, это не из-за проблем с вашим телом, а из-за того, что вы напитали себя не с того дерева.

Адам, тебе же раньше никогда не было стыдно, что случилось? Ты все это время был в присутствии Бога, и твое тело было славно. Но теперь ты испытываешь стыд и отвращение. Что случилось, что ты перестал держать внимание на славе Божьей? Ты напитал себя тем, что нельзя было есть и это открыло твои глаза не на Бога, а на себя самого.

Всякий раз, когда я вдруг чувствую себя "нагим" и пристыженным, Господь показывает мне, что я потерял из виду Его присутствие и то, кем является Он. Бог показывает мне, что я напитал себя не с того дерева. Дерево знания — это не дерево греха, а дерево фактов, дерево мнений людей, дерево моей внешности, моего прошлого... Это дерево присутствует в моем саду, и я не смогу его убрать.

В действительности я даже не должен пытаться искоренить его, не в этом суть. Просто Бог запрещает мне питаться от него. Это означает, что я не должен питать свою самооценку и идентичность от этого источника. Никакое количество фиговых листьев не поможет тебе избавиться от стыда и неуверенности. Работа над внешностью, достижения, количество подписчиков или связи с влиятельными людьми — ничто из этого не способно излечить нас от несовершенства или внутреннего стыда. Фиговые листья не могут этого сделать, может только крест Иисуса Христа.

От какого дерева ты питаешь себя: от дерева познания в твоем саду или от дерева жизни, которое Бог возвел на горе Голгофе? Твое достоинство должно основываться на кресте Иисуса, а если не так, то оно будет строиться на наготе. Если ты борешься с неуверенностью, прикрывая раны внутри, тогда начинай делать так, как делал Израиль в пустыне, — поднимай глаза и взирай на медного змея (см. Числа 21:9, Иоанна 3:14). Перестань смотреть на себя. Подними очи к горам, откуда приходит помощь наша. Тогда и только тогда Иисус оденет тебя в одежды Его любви и праведности, а неуверенность и стыд будут покрыты кровью Иисуса.

Крест восстанавливает нас как личность, но также присутствие Святого Духа открывает огромную ценность нашего тела. Поймите, физическое тело очень ценно для Бога, потому что в нем живет Дух Святой. Это Его храм. Многие люди страдают низкой самооценкой из-за своей внешности, потому что общество говорит нам, что мы не дотягиваем до стандартов. Мы должны понять, что наше тело ценно для Бога. Он создал его. Он Тот, Кто исцеляет его. Более того, в один день Бог воскресит его. Он вознаградит нас на небесах за то, что мы делали в теле на этой земле. Сатана хочет использовать твое тело для распространения зла. А драгоценный Святой Дух обитает не только в твоем духе, но и в твоем теле.

Когда Барак Обама был избран президентом, его автомобиль фирмы "Додж" 2005 года, на котором он ездил до выборов, был продан с аукциона eBay за 1 миллион долларов США. На самом деле эта машина не стоила и 20 000 долларов. Так почему кто-то решил заплатить за нее целый миллион? Просто потому, что до этого на ней ездил Барак Обама. Стоимость той машины резко возросла из-за ее владельца. Святой Дух — это не Обама, Он — Бог. Он не просто попользуется, а затем перепродаст. Он обитает в вас! Ваше тело — это Его дом, Его храм. Точно так же, как стоимость того старого "Доджа" была оценена по его владельцу, так и ваша ценность определяется вашим Владельцем. Вы должны заботиться о своем теле и не сравнивать себя с другими. Я не призываю вас превозноситься своим телом, но напротив, идти по жизни с достоинством, основывая свою ценность на Творце и на кресте.

* * *

Не ищите в темноте то, что есть только во свете

Самое большое искушение, с которым вы столкнетесь, будет нацелено на вашу личность, кем вы являетесь. И первый Адам, и последний Адам столкнулись с искушением дьявола в этой сфере. Сатана пытался убедить первого Адама в том, что он может стать подобным Богу, если съест запретный плод. А ведь Адам уже был подобен Богу, понимал он это или нет. Вы должны знать, кто вы, тогда это лишит дьявола силы искушать вас.

"Ты Мой Сын возлюбленный" (см. Матфея 3:17). Бог проговорил эти слова громким голосом во время крещения Иисуса. Заметьте, во время искушения Христа в пустыне, дьявол пытался поставить под вопрос слова, которые Бог произнес о Христе. Сатана начал искушать Его следующим: "Если ты Сын Божий..." (см. Матфея 4:3). Дьявол всегда

будет пытаться поставить знак вопроса там, где Бог поставил восклицательный знак. Он будет пытаться навязать сомнения о том, что сказал Бог, когда вы получили откровение. Не поддавайтесь его лжи. Живите хлебом Божьей истины. Как только вы поймете, кто настоящий вы, враг придет искушать, чтобы заставить сомневаться и вернуть вас к запретному дереву фактов. Прикажите ему убираться в преисподнюю со своими вопросами и ложью. А душе своей скажите взирать на крест Иисуса и только оттуда черпать свою ценность, значимость и достоинство.

Когда вы поймете, кто вы в Иисусе, вы будете готовы к романтическим отношениям. Если ваша ценность будет укоренена в образе Бога и Его жертве на Голгофе, то романтические отношения не будут становиться вашим идолом.

Далее мы перейдем к Еве, но вначале рассмотрим еще один немаловажный момент из жизни Адама. До того, как у него появилась супруга, Адам знал и исполнял свою миссию, а значит, он был занят делом, то есть у него была работа! Это то, о чем мы с вами поговорим в следующей главе. НЕ перелистывайте ее!

3

Нет денежки – нет девушки

Мне было где-то шестнадцать лет, когда я стал молодежным лидером. До меня было два молодежных пастора. Первый уволился спустя 6 месяцев, после него второй ушел также спустя 6 месяцев. Затем мне предложили это служение, и я тоже чуть не оставил все спустя 6 месяцев! Мне кажется, что первые полгода молодежного служения подобны "медовому месяцу", а потом наступает реальность.

Наша небольшая группа молодежи состояла практически из моих двоюродных братьев и сестер. Мы встречались по четвергам в одной из комнат церкви, которую арендовали. В то время я все еще учился в старших классах школы. Нежданно-негаданно наш пастор предложил мне стать молодежным лидером и принял решение оплачивать эту позицию (это была неполная рабочая ставка). Помню, когда я узнал, что церковь собиралась платить мне пару сотен долларов в месяц, я стал сопротивлялся изо всех сил. Я опасался, что потеряю награду на небесах, если буду получать какую-либо компенсацию на земле. Мой отец, напротив, считал такие страхи неосновательными, ведь все это время я пользовался его машиной и его бензином, чтобы добираться до церкви и развозить всех по домам. Он настоял, чтобы я брал деньги и использовал их для служения.

Работа в церкви стала моей первой и на самом деле единственной работой, которая у меня когда-либо была. И да, мои дяди, все еще посмеиваются и спрашивают меня, когда я займусь реальным делом. В их понимании реальная работа — это либо ремонт и продажа битых машин, строительство и ремонт домов, либо гонять грузы дальнобойщиком.

На самом деле работать в церкви оказалось не так забавно, как казалось поначалу. Я почти все время проводил там один и до конца не представлял, что должен был делать. Поэтому я старался и делал все, что мог: одновременно был секретарем, администратором, уборщиком, видео редактором, проповедником, вел прославление… В общем, хватался за все, даже косил газон два раза в неделю и проповедовал в местной тюрьме и приюте для бездомных. Я загружал себя по полной, чтобы никто не смог сказать, что я просиживаю церковные деньги. И кстати, на протяжении более десятка лет наша церковь не росла. В связи с этим я испытывал некий уровень вины. Меня могут в этом понять только те, кто работал в церкви. В какой-то степени я даже чувствовал себя ответственным за то, что церковь не растёт.

Позвольте уточнить, я начал служить не для того, чтобы заработать денег или разбогатеть. Мне платили мало. Даже когда меня повысили на полный рабочий день, то платили минимальную заработную плату – и так продолжалось в течение многих, многих лет. За что я действительно благодарен своему отцу, так это за то, что он научил меня мудро распоряжаться финансами: жить согласно средствам, избегать займов, как греха, и сохранять деньги, как будто я был сыном Дейва Рэмси. (*Дейв Рэмси – знаменитый американский бизнесмен-христианин. Его консалтинговая фирма, как и радиопередачи, помогают многим людям обучаться управлению ресурсами и стать финансово независимыми.)* Итак, получая минимальную зарплату, к двадцати годам я смог купить небольшое жилье для аренды и сдавать его, чтобы получать постоянную прибыль. В то время, когда мои сверстники копили деньги на покупку дорогой машины, которая со временем обесценилась бы, я копил, чтобы инвестировать в то, что со временем вырастет в цене и принесёт доход. Таким образом я накопил достаточно денег и на покупку новой машины, о которой тоже мечтал. Сейчас я понимаю, что это было не самым мудрым решением. Но, по крайней мере, за новую машину мне не пришлось выплачивать из собственного кармана. Ежемесячную оплату покрывал доход от аренды дома. Примерно в то же время я начал откладывать деньги на свадьбу, так как задумывался уже не раз о женитьбе.

Я сделал две вещи, которые помогли мне подготовиться к браку. Во-первых, я слушал подкасты об отношениях в браке, и делал это в течение многих лет, пока не женился. Подкаст назывался "Брачные отношения сегодня" с ведущими Джимми и Карен Эванс. Я настоятельно рекомендую начать слушать эти передачи всем, кто планирует когда-либо вступить в брак. Во-вторых, я стал копить деньги на свадьбу. Мой заработок был небольшой, поэтому я понимал, что мне понадобится больше времени, чтобы накопить достаточную сумму. Я твердо убежден, если вы хотите жениться, начинать следует не с поиска девушки. Прежде всего, уделите время и обучайте себя принципам отношений в браке, и, конечно же, собирайте деньги.

Посетив достаточно свадеб, я убедился в правдивости фразы: "кто платит, тот и заказывает музыку". Большинство молодоженов начинают с трудностей только из-за того, что у них недостаточно финансов. Их родители платят за торжество, и они же все контролируют. Я с радостью готов был принять финансовый подарок от родителей, но это была моя свадьба, а не их. Мне очень хотелось, чтобы моя невеста сама решала, как будет проходить наша свадьба, а не ее мама и не моя. Мне нужно было собрать достаточно средств, чтобы все это реализовать, включая расходы на свадьбу, переезд и медовый месяц. По милости Божьей я смог это осуществить при минимальной зарплате. К тому же, у меня все еще оставалось несколько тысяч долларов в загашнике. Да, у меня была минимальная зарплата, но максимальная дисциплина и правила не залезать в долги, не покупать ненужных вещей, чтобы кого-то впечатлить и очень серьезно экономить.

* * *

У Адама была работа

"И взял Господь Бог человека, и поселил его в саду Эдемском, чтобы возделывать сад и хранить его" (Бытие 2:15).

Когда Бог сотворил Адама, Он поместил его в Свое присутствие на земле, то есть в Эдем. Адам, созданный по образу Божьему знал, кем он являлся. И прежде чем Ева появилась в его жизни, Адам был занят бизнесом: культивировал сад и давал имена животным. Может это была не самая высокооплачиваемая работа, но она полностью обеспечивала жильем и пропитанием, а также занимала время. Адам не чувствовал себя одиноко, возможно потому, что не бездельничал, а был занят работой. Вскоре Богу пришлось намекнуть Адаму, что пора искать себе жену. Божий принцип построения отношений таков: если вы хотите найти себе пару, начните с поиска работы. Вероятно это не будет сразу работа вашей мечты, но она будет занимать ваши мысли, делать вас продуктивным и пополнять банковский счет.

Обратите внимание, что работа появилась до грехопадения. Она не появилась в результате проклятий. Напротив, занятость, труд, творческий процесс и продуктивность помогают преодолевать искушения. Праздный ум и безделье — это площадка для дьявола. Хочу подметить огромную разницу между Иосифом и Давидом: один смог преодолеть сексуальный грех, а другой впал в него из-за безделья. Иосиф вошел в дом по работе. У него не было времени флиртовать с женой Потифара. Давид же вместо того, чтобы отправиться на войну, остался дома и проспал весь день. В итоге, увидев обнаженную даму, он не смог устоять перед искушением и согрешил. Вот почему Бог хочет, чтобы мы трудились, творили, развивались и занимались делом. Это поможет нам хранить себя в чистоте, взрослеть, и конечно же, быть готовыми оплатить свадьбу и взять ответственность за будущую семью.

Вы не увидите нигде в Библии, чтобы Бог призывал ленивых и праздных людей работать в Его Царстве. Моисей работал на своего тестя, когда Бог призвал его. Елисей пахал на поле, когда Илия призвал его. Петр и Иоанн чинили сети, когда Иисус призвал их. Так что, если вы хотите быть готовыми к браку, во-первых найдите работу и вскоре откроется и ваше призвание.

*   *   *

Карьера и призвание

"И нарек человек имена всем скотам и птицам небесным и всем зверям полевым; но для человека не нашлось помощника, подобного ему" (Бытие 2:20).

Итак, работа Адама обеспечивала его жильем и пропитанием. За одежду и обувь он не переживал, так как был наг. И повелел Бог Адаму дать имена всем животным, а также дал конкретное указание не есть плоды с запретного дерева.

Неженатые люди чаще всего задают мне вопрос, что им делать со своей жизнью? Многие в замешательстве пробуют найти свое призвание. Другие пытаются понять, какую карьеру Бог хочет, чтобы они выбрали. Ответ, опять-таки, можно увидеть на примере Адама. Все было просто. Он должен был "ухаживать за садом". Работа восполняла потребности: давала жилье и пропитание. А его призвание состояло в том, чтобы пребывать в присутствии Бога, давать имена всем животным, а также держаться подальше от запретного дерева.

"А как насчет меня?" — спросите вы…

Прежде, чем говорить о карьере и призвании, давайте проясним разницу между ними:

> Карьеру вы выбираете — призвание вы открываете в себе.
>
> Карьера естественна — призвание сверхъестественно.
>
> Карьера может изменяться — призвание не меняется.
>
> Карьера для дохода — призвание для вечности.

Мне нравится высказывание Брайана Хьюстона, старшего пастора церкви Хиллсонг: *"Карьера — это то, за что вы получаете деньги, призвание — это то, для чего вы были созданы"*.

Когда дело касается карьеры — это ваше личное решение. Если бы вы спросили апостола Павла, какой карьерой Бог хотел, чтобы вы занялись, то он бы ответил: "Все, что вы делаете, делайте как для Господа" (Колоссянам 3:23). Не нужно идти в длительный пост, чтобы понять эту истину. *"Что бы вы ни делали"* буквально и значит *"что бы вы ни делали"*. И не стоит все усложнять. К тому же карьера на протяжении жизни может не один раз меняться. Основывайте свой выбор на следующем:

То, что вам нравится;

То, что у вас хорошо получается;

То, что соответствует вашим способностям;

То, что не является незаконным и аморальным;

То, что помогает другим и прославляет Бога.

Если вы уже определились с направлением специальности, позвольте посоветовать следующее: изучите и исследуйте ее. Многие поступают в ВУЗ, потому что это престижно, берут на себя финансовое бремя за обучение, а позже выясняется, что ошиблись с направлением и специальностью. Исследуйте, прежде чем завоевывать. Иисус Навин послал шпионов исследовать землю, которую они собирались завоевать. Вы так же, разузнайте о специальности все возможное, прежде чем завоевывать ее. Познакомьтесь с людьми,

> Исследуйте территорию, прежде чем завоевывать ее.

которые работают в той сфере. Поговорите с ними об их профессии, посетите их рабочее место, чтобы несколько раз посмотреть и убедиться, действительно ли эта специальность вам подходит. В общем, разузнайте, прежде чем вкладывать финансы, время и силы в образование, которое вам может не понадобиться.

И еще, обратите внимание на оплату специальности. Не делайте карьеру ради наслаждения, но ради денег. Профессия — это не благотворительная лавка, это то, что должно приносить вам доход и обеспечивать. Некоторые люди выбирают карьеру, которая очень им нравится, но практически не приносит дохода, необходимого для жизни. Я не являюсь сторонником того, чтобы заниматься ненавистной работой только потому, что за нее хорошо платят. Но все же можно найти то, что вам нравится, и при этом получать хорошие деньги. Помните, Давид не пошел против Голиафа, пока не разузнал, каким будет его вознаграждение. Кстати, он не стал спорить с братьями, потому что в полемике с ними не было никакой выгоды. Давид был мудр и сражался в тех битвах, в которых было выгодно сражаться. Некоторые люди думают, что это не духовно узнавать о финансовой части профессии. Напротив, следует хорошенько разузнать о зарплате, прежде чем "покорять Голиафа образования" и получать диплом.

Еще один важный момент: многие путают карьеру и призвание. Как я уже говорил, призвание не меняется. Оно является движущей силой всего остального, что вы делаете. Ваше внутреннее призвание повлияет на любые решения, которые вы принимаете по жизни. А вот карьера — это вопрос личных предпочтений, и определиться с выбором должны вы сами. Впрочем, карьера действительно может служить платформой для вашего призвания, но так бывает не всегда.

Мне нравится, как о карьере и призвании высказался Билл Джонсон, старший пастор церкви Вефиль: "Люди часто просят меня помолиться, чтобы Бог открыл мне их призвание. Но я уже знаю ответ – больных исцелять, мертвых воскрешать, бесов изгонять, прокаженных очищать. Многие сразу возражают: "Но мне нужно знать, должен ли я стать учителем или миссионером". Обычно я советую им выбрать что-то одно, а затем исцелять больных, воскрешать мертвых, изгонять бесов и очищать прокаженных. Некоторые спрашивают: "Должен ли я жениться или быть холостым?" Я отвечаю: "А ты что хочешь?" "Я хочу быть женатым". "Тогда женись... и исцеляй больных, воскрешай мертвых, изгоняй бесов, очищай прокаженных".

Итак, карьеру выбираем мы сами. Она может периодически меняться, главное, чтобы вы все делали во славу Божью и от всего сердца. Что же насчет призвания? Здесь я хочу нечто прояснить. У всех нас есть общее призвание от Бога: быть с Ним, познавать Его, завоёвывать души для Бога, научить все народы, держаться подальше от греха, а также исцелять больных, изгонять бесов и приносить реальность Царства Божьего на эту землю. Это призвание каждого христианина, а не только лидеров церкви. Если на данный момент вы не знаете своего конкретного призвания, займитесь общим: следуйте за Господом, избегайте греха и станьте ловцами человеков.

Начните с исполнения общего призвания, тогда ваше конкретное предназначение очень скоро прояснится. Не ищите призвания, а ищите Бога! Держитесь подальше от греха и всячески помогайте в поместной церкви.

> Начните с исполнения общего призвания, тогда ваше конкретное предназначение очень скоро прояснится.

Вы будете удивлены, как быстро станет открываться ваше конкретное призвание. Саул и Давид не искали царства. На самом деле они оба выполняли поручения своих отцов, и царство нашло их. Многие люди гоняются в поисках своей судьбы вместо того, чтобы следовать за Богом, и исполнять Его слово. Ищите прежде Царства Божьего, все остальное приложится вам — включая то призвание, которое Бог приготовил для вашей жизни. Даже наш Спаситель хотел войти в призвание в возрасте 12 лет, но подчинил Себя земным родителям, которые, кстати, не были служителями и не делали ничего грандиозного. Иисус начал Свое служение в возрасте 30 лет, а Моисей в 80, и оба успели исполнить волю Божью. Будьте верными в том, что вы должны делать сейчас, и со временем Отец Небесный прояснит Его волю для вас лично.

На самом деле, Господь приготовил призвание для каждого человека, но не каждого Он призывает на полное служение.

> Не гоняйтесь за статусом. Ищите возможности наклонить себя и послужить, а не возможности блистать на сцене.

> Не ищите призвания, а ищите Бога!

Если вы не чувствуете призвания в полное служение, не стремитесь к нему. Ищите Бога и приводите людей ко Христу там, где вы сейчас находитесь. Если вы действительно призваны в полное служение, помните, что вам потребуется время, чтобы войти в полноту этого призвания. Давид был помазан на престол, но долгое время он не получал царства. И его первой работой во дворце была работа музыканта, а не царя. Иосиф во сне видел себя правителем, но начал с позиции раба, а затем прогрессировал до позиции заключенного с ужасной репутацией. Путь к полноте вашего призвания, скорее всего, будет не таким, как вы представляете. И даже после того, как вы войдете в него, не исключено, что все будет идти не так, как вы ожидаете. Даже Иисус, Царь царей, начинал как младенец в яслях, а затем стал Агнцем Божьим, который умер на кресте. Если вы знаете, что Бог призвал вас в полное служение, наберитесь терпения. Он будет готовить вас, и вы будете вырастать в призвание. Не ищите статуса, ищите возможности наклонить себя и послужить, а не возможности блистать на сцене.

Найдите свой "сад", в котором нужно трудиться, и "животных", которым нужно дать название. Определитесь с карьерой и раскройтесь в своем призвании.

* * *

Управляйте чудесами

Когда Иисус умножил хлебы, каждый ел столько, сколько хотел, пока не насытились все. Умножение было настолько сильным, что Иисус велел ученикам собрать остатки в корзины, чтобы ничего не пропало. Нам нужно усвоить, что благословение Иисуса настолько обогащает, что приносит избыток. При этом Бог ожидает, что мы не будем сверх расточительны, но соберем оставшиеся куски и сумеем управлять этим. Как бы сильно Бог ни благословил вас, вы должны научиться управлять благословениями. То есть нам нужно правильно распоряжаться деньгами, даже если в наличии всего лишь нескольких хлебов и рыбин. Вы будете на мели, если не научитесь правильному управлению финансами. Во многих случаях вопрос не в высокооплачиваемой работе, а в небрежном управлении тем немногим, что у вас есть.

Многие люди оправдывают свое жалкое финансовое положение тем, что не зарабатывают больших денег или не работают на любимой работе. Поверьте, даже самые высокие доходы не исправят ваши плохие привычки. У блудного сына было много денег, но его решения привели к разорению. Многие спортсмены, зарабатывающие миллионы долларов в профессиональном спорте, разорились через пару лет после своего ухода. Быть профессионалом в спорте еще не значит уметь управлять финансами.

> Как бы сильно Бог ни благословил вас, вы будете на мели, если не научитесь правильному управлению финансами.

Люди учатся годами, чтобы построить карьеру, и бывает, что карьера приносит хороший доход, но если человек не умеет управлять, залазит в долги, то в итоге бедствует и живет от зарплаты до зарплаты. Зарабатывают много, но остаются бедными. Почему? Потому что так же, как важно образование по специальности, важны знания о правильном управлении ресурсами.

Мне вспоминается история Шакила О'Нила. После того, как его приняли в Национальную Баскетбольную Ассоциацию (NBA), он истратил первый заработанный миллион в течение 30 минут. Спортсмену сразу же позвонил его банкир и отругал, заверив, что такими темпами он дополнит число бывших спортсменов, которые разорились и стали банкротами. Тогда баскетболист поступил в колледж и отточил свои знания в области бизнеса, управления и финансов. Он получил степень бакалавра, затем магистра и, наконец, докторскую степень. Да, теперь он доктор Шакил О'Нил. На сегодняшний день Шакил является совладельцем ресторанов "Бургеры пяти парней" и "Крендели тетушки Энн", множества автомоек, круглосуточных фитнес-клубов, торгового центра и кинотеатра. К тому же участие в рекламных акциях и работа в качестве аналитика пополняют его доходы. По словам самого Шакила: "Вопрос не в том, сколько денег вы зарабатываете, а в том, хватает ли у вас знаний и навыков сохранять благословение и управлять им." Мы должны быть образованными и мудро управлять деньгами, — это и есть ключ успеха. Начинать следует прямо сейчас. Не ждите, когда получите диплом или когда вам начнут платить больше. Начинайте развивать в себе привычки разумного управления финансами.

Для кого-то управление финансами дается легко, скорее всего, потому что их родители были хорошим примером. А вот остальным стоит поучиться этим важным навыкам. Поэтому, вместо того, чтобы проводить время уткнувшись в экран телефона или компьютера, почитайте книгу о финансовом менеджменте. Скачайте аудио по составлению бюджета, инвестициям и другим темам, которые помогут вам управлять будущими благословениями. Большинство генеральных директоров читают по 3-4 книги в месяц, в то время как их подчиненные обычно прочитывают одну книгу в год. К сожалению, многие люди перестают учиться после получения диплома, что часто отражается на их финансовом благосостоянии.

> "Вопрос не в том, сколько денег вы зарабатываете, а в том, хватает ли у вас знаний и навыков сохранять благословение и управлять им."

Ищите больше просвещения, чем развлечения. Это не значит, что вы должны тратить каждую свободную минуту на книги, учебу, карьерный рост и призвание. Но если вы проводите большую часть своего времени в социальных сетях, за видеоиграми и просмотром фильмов, вы не научитесь правильно управлять своими финансами, даже если будете прилично зарабатывать.

Парни, определитесь с работой и специальностью, прежде чем искать себе пару. Помните, Бог послал Адаму помощницу, а не только подругу и собеседника. Бог хочет, чтобы ваша супруга стала вашим партнером в служении и бизнесе, а не просто вашей женщиной в постели. Она дана вам не для того, чтобы только готовить еду и рожать детей, а для того, чтобы быть вашей помощницей в призвании.

Девушки: не ждите принца на белом коне. Это немалое вдохновение и радость видеть, как незамужние женщины всем сердцем ищут Бога и входят в свое призвание, а не просто настойчиво ищут мужа. Стать домохозяйкой не должно быть целью вашей жизни. Запомните, вы — дочери Всевышнего Бога. Он создал вас, наделил силой и призвал в Его предназначение. Подобно Руфи найдите поле для труда, и вы удивитесь, что там найдется хороший человек для вас. Не ставьте поиск мужчины целью своей жизни, стремитесь к тому, чтобы исполнить свое предназначение.

Итак, мы рассмотрели близость с Богом, ценность в Иисусе, необходимость работы. В следующей главе мы поговорим о ловушках, которые дьявол часто расставляет для тех, кто хочет найти себе правильную половину.

4

Подставное лицо

Поверьте, я многое повидал за 14 лет служения молодежным пастором. Я видел, как романтические отношения, которые не соответствуют Божьим принципам, пагубно влияют на судьбу человека. Особенно опасны романтические встречи с неверующими или с теми, кто не разделяет вашей веры и ценностей. Я видел, как многие люди упрямо шли по этому пути и в итоге разрушили свою жизнь. Некоторые так и не смогли восстановиться и вернуться к Богу.

Я хорошо запомнил один случай, когда в нашей церкви объявляли новых лидеров домашних групп. За два дня до этого мне прислали ссылку в социальные сети одной девушки из нашей церкви. Она должна была стать лидером группы подростков. В профиле этой сестры был выделен статус "в отношениях" с новым парнем. Дело в том, что она еще училась в школе, а в нашей церкви существовало правило, что старшеклассники, которые являются лидерами какого-либо служения, не должны иметь романтические отношения или ходить на свидания, пока не закончат школу.

Я посмотрел ее страницу, затем перешел на страницу ее парня. Там были выложены картинки эротического содержания, причем много. Кроме того, все его друзья выглядели как звезды порнофильмов. Я сразу позвонил этой девушке, чтобы уточнить, действительно ли она встречается с ним, ведь у этого парня была очевидная проблема с похотью. Она рассказала, что познакомилась с ним по интернету и начала встречаться, хотя вживую они еще ни разу не виделись, только виртуально. Я напомнил ей о правилах для лидеров церкви. Она прямо ответила, что любит этого парня и церковные правила не должны мешать их любви. Я спросил: "Неужели тебя не тревожит, что у него явное пристрастие к порнографии?" Ее ответ шокировал: "В этой сфере у него уже большие перемены к лучшему, к тому же я молюсь за него". Я пояснил ей, что Бог творит чудеса, но для людей, которые нуждаются в Нем, а то, что она становится под одно ярмо с неверующим человеком, который не соответствовал ей, было явным неповиновением Богу. Этому парню не на свидание нужно было, а на освобождение. К сожалению, девушка выбрала следовать своим чувствам и не становиться лидером домашней группы. Позже этот парень назначил свидание, они стали открыто встречаться. В церковь она перестала ходить. Отношения длились недолго, он порвал с ней. Причем не просто бросил ее, он публично опозорил ее: намеренно звонил ее друзьям и рассказывал подробности, как он соблазнил ее, как она потеряла девственность и много других грязных вещей.

После этого она пошла по рукам, меняя парней одного за другим. Когда она все таки вышла замуж, из этого тоже ничего хорошего не вышло: все закончилось разводом. До сегодняшнего дня она не оправилась от ошибок юности. Периодически я молюсь, чтобы Господь помиловал ее и восстановил. Делаем вывод: не идите наперекор Божьим принципам, при этом ожидая чуда и благословения. Господь четко излагает Свои принципы относительно выбора супругов, особенно когда речь идет о тех, кто не служит Ему и не разделяет нашей веры и убеждений.

* * *

В поисках пары

"И нарек Адам имена всему скоту, птицам небесным и всякому зверю полевому. Но для Адама не нашлось помощника, подобного ему" (Бытие 2:20).

Дав задание назвать всех животных, Бог намеренно направил внимание Адама на то, что у каждого из них была пара. Адам тоже начал присматривать себе пару, соответствующего помощника. Библия говорит: "Но для Адама не нашлось..." Слово "не нашлось" подразумевает то, что он искал. Следовательно, Адам одновременно называл животных и искал себе подходящую пару. Должно быть, непросто было определить достойную претендентку в жены среди животных. Представьте его реакцию: слониха слишком огромная, змея слишком извилистая, у львицы слишком большая пасть. И на фоне всего этого появилась одна кандидатура — шимпанзе; она была похожа на человека более, чем любое другое животное в саду. Определенно обезьяна более-менее была похожа на человека. Адам мог бы подумать: "В принципе, если Бог подправит некие детали, то и обезьяна сойдет для совместной жизни. Отправить бы ее на небольшую пластическую операцию, еще можно сделать эпиляцию, реконструкцию лица и научить разговаривать. Бог ведь может все". Чего добился бы Адам, если бы искал жену по такому принципу?

Меня радует факт, что Адам не повел шимпанзе к Богу, чтобы её переделывать для себя. Вместо этого он сам пришел к Богу и сказал, что не смог найти себе подходящую пару. Интересно, были ли у него мысли переделать одно из животных? Это был единственный логичный вариант на тот момент. Он же знал, что Бог не прятал другого человека где-то еще во Вселенной. Почему Адам не взял то, что имелось в наличии в тот момент?

Запомните, перед тем как Бог приведет к вам Еву, диавол предложит свое подставное лицо, что-то вроде шимпанзе. Подставное лицо — это человек, который не соответствует вам, потому что не разделяет вашей веры, принципов и ценностей. Не тяните такого человека на переработку к Богу, чтобы поскорей жениться. Адам решил ждать, пока Бог приведет

> Перед тем как Бог приведет к вам Еву, диавол предложит от себя подставное лицо.

нужного человека, а не исправит тот "единственный" вариант, который он бы нашел.

Вы скажете: "А вдруг ждать придется слишком долго?!" Поймите, ждать придется в любом случае! Либо вы ждете правильного человека, либо ждете, пока Бог будет все исправлять и спасать вас от проблемы, которую вы избрали вопреки Его принципам. Не спешите. Из-за спешки Адам мог бы наломать дров и согласиться на обезьяну. К тому же, у него была веская причина: других вариантов вообще не существовало. Однако Адам доверился Богу.

Многие христиане, при чем независимо от возраста, часто общаются с неверующими людьми не для того, чтобы приводить их ко Христу, а с целью найти себе среди них пару. Бог призвал Адама давать имена животным, а не жениться на них. Мы призваны спасать мир, а не соединяться с ним. Я называю такие свидания миссионерскими: вы встречаетесь с человеком в надежде на то, что он от этих встреч покается в грехах и спасётся. Другими словами, влюбить, чтобы обратить. Это, кстати, довольно распространенное явление. Конечно, есть немало хороших свидетельств, когда неверующие встречались с верующими и приходили ко Христу. Но это не правило, а скорее всего, исключение из правил и не является примером для подражания.

Когда я был подростком, я видел, как мой брат упал со второго этажа. Я до сих пор помню, как он летел и ударился головой о бетон. Кровь хлынула у него из глаз, носа, рта — буквально отовсюду. Он получил сотрясение мозга. Чудом мой брат выжил и сегодня чувствует себя отлично. Но только потому, что он выжил, я бы никогда никому не рекомендовал падать со второго этажа. Я настоятельно рекомендую всем быть осторожными, когда стоите на высоте. То же самое относится к свиданиям с неверующими людьми. Если чьи-то свидания закончились хорошо, это не означает, что нужно следовать их примеру. Помните, Божьи принципы даны нам во благо, чтобы защищать, а не чтобы ограничивать нас.

Нет гарантии в том, что ваш неверующий муж или жена после свадьбы придут к Богу, если вы начнете молиться и поститься за них. В действительности это их выбор, и Бог не обязан отвечать на ваши просьбы, если вы намеренно идете против Его принципов и впрягаете себя в чужое ярмо. Многие начинают верить лжи: "Это же любовь". Такая любовь опасна для вас, потому что становится мерилом нравственности и послушания Богу. Верно то, что Бог есть любовь, но любовь не есть Бог. Если вы чувствуете любовь, это еще не значит, что она от Бога. Ваши чувства могут идти вразрез со словом Божьим. Вы можете возразить: "Ты не понимаешь. Она такая классная и шикарная девчонка!", или: "Он такой красавчик – просто ОГОНЬ!" Послушай, друг, ад — тоже сплошной огонь, но я уверен, что тебя туда не тянет!

* * *

Зачем тебе под чужое ярмо?

"Не преклоняйтесь под чужое ярмо с неверными, ибо какое общение праведности с беззаконием? Что общего у света с тьмою?" (2 Коринфянам 6:14).

Ярмо — это деревянный хомут для упряжки, который соединяет двух волов, а также прикрепляет груз, который они вместе тянут. В "неравной" упряжке, как правило, один вол сильнее другого или один вол ростом выше другого. Из-за того, что животные тянут неравномерно и меньший идет медленнее, повозка топчется по кругу. Вместо того чтобы тянуть в гармонии, они сталкиваются или расходятся, конфликтуют друг с другом. В неравной упряжке невозможно достигнуть цели.

Выражение "неравное ярмо" впервые упоминается в книге Второзаконие 22:10:

"Не паши одновременно и на воле, и на осле" (НРП).

Также в 9 стихе 22-й главы Второзакония даны два аналогичных запрета о смешении:

"Не засевай свой виноградник еще какими-либо семенами, иначе ты осквернишь не только плоды посеянного семени, но и плоды виноградника" (НРП).

И стих 11: *"Не надевай одежды, сделанной из шерсти и льна вместе" (НРП).*

Бог установил порядок мироздания, учредив границы и четкое разделение всякому роду животных и растений, дав каждому виду производить "по роду своему". Сам Бог определил грани, в рамках которых должно существовать мироздание.

Когда дело доходит до брачного союза, Бог хочет, чтобы мы были в равной "упряжке"; в конце концов, это самые важные отношения после ваших отношений с Иисусом. Бог хочет, чтобы вы соединили свою жизнь с человеком той же веры и убеждений, чтобы потом вы не топтались на месте или по кругу. Таким образом, вы будете сотрудничать, гармонировать, а не противостоять друг другу.

Любовь терпелива

"Любовь долготерпит, милосердствует" (1-е Коринфянам 13:4).

Для многих отсутствие Евы является мотиватором романтических отношений с "подставным лицом". Ведь других "экземпляров" на горизонте нет. Вместо того, чтобы дождаться, когда Бог приведет Свой вариант, многие идут на крайности и проявляют нетерпение. Однажды нетерпение привело к рождению Измаила. Нетерпение вместе с непослушанием стоило Саулу царства. Нетерпение привело к идолопоклонству, когда Израиль не дождался Моисея с горы. "А надеющиеся на Господа обновятся в силе" (Исаия 40:31). Есть и хорошие примеры для подражания. По словам Иисуса ученики остались в Иерусалиме, ждали – и на них сошел Дух Святой.

Иосиф ждал 13 лет.
Авраам ждал 25 лет.
Моисей ждал 40 лет.
Иисус ждал 30 лет.

> Лучше дождаться правильного человека от Бога, вместо того, чтобы ждать, пока Бог исправит того, с кем вы связали себя из-за своего нетерпения.

Если Бог останавливает вас, чтобы ждать, вы в Его

хороших руках. Я надеюсь, вам не придется ждать так же долго, как некоторым, но помните, что всегда лучше дождаться своего чуда от Бога, вместо того, чтобы мучатся, и ждать, пока Бог исправит того, с кем вы связали себя из-за своего нетерпения.

Если вы не можете найти себе подходящую пару, продолжайте ожидать Бога. Это никогда не будет пустой тратой времени. Все, что рождается в нетерпении или отчаянии, приводит к сожалению. Любовь терпелива, а вот похоть — нет.

> Любовь терпелива, похоть — нет. Настоящая любовь не отчаивается, она умеет ждать.

Настоящая любовь не отчаивается, она умеет ждать. Если вы не можете ждать, возможно, то, что бурлит у вас внутри, — это похоть, а не любовь.

Я помню одну девушку по имени Мария. Она училась в старших классах школы, когда впервые посетила наше молодежное служение. На первом же собрании она покаялась и отдала свою жизнь Иисусу. Эта девушка стала регулярно посещать служения и мечтала получить водительские права, чтобы возить своих друзей в церковь, а также проводить домашнюю группу у себя дома. Спустя некоторое время ее познакомили с одним парнеминдусом. Мария ему очень понравилась, он начал ухаживать за ней и даже стал посещать церковь, чтобы добиться ее. Вскоре он вышел на покаяние, чтобы показать, что готов попробовать христианство. Его обращение было лицемерным, его целью было добиться девушки, которая ему очень нравилась. Мария выросла без отца, ей было очень приятно получать мужское внимание, которого ей всегда недоставало. Она проигнорировала тот факт, что парень не следовал за Христом, и вопреки Божьим принципам начала с ним встречаться. Я оттоваривал ее от этих отношений, потому что видел, насколько парень несерьезно относится к Богу. Однако Марию было не переубедить, она была настолько очарована его вниманием, что не могла рассмотреть его настоящую сущность.

Мы можем надеть на мертвеца церковную одежду, даже побрызгать духами, но от этого он не станет дышать и жить. Сокращаю историю: они оба покинули церковь и стали жить вместе. Они прожили в гражданском браке 8 лет. В начале своих отношений эта пара приняла решение, что, в знак уважения культурных традиций друг друга, не будут приносить в дом никаких религиозных предметов. Мария, будучи в прошлом католичкой, соблюдала их обоюдное соглашение и никогда не приносила в дом атрибутов религии своей семьи. Прошло совсем немного времени, и ее парень начал приносить в дом статуи и декоративные украшения своих индуистских богов. Они часто ссорились из-за этого, до такой степени, что девушка больше не могла терпеть и, наконец, ушла. Это стало переломным моментом в ее жизни, после которого Мария вернулась в церковь. Она искренне покаялась, смогла простить себя и преодолеть стыд. Бог восстановил ее. Сегодня она является лидером церкви и посещает нашу домашнюю группу. Ее история — свидетельство того, что лучше подождать, пока Бог приведет нужного человека, чем отойти от Бога и связать свою жизнь с тем, кто не следует за Иисусом и не соответствует вам.

Никогда не принимайте решений от нетерпения или отчаяния, вы будете жалеть об этом позже. Нарушение Божьих принципов, как правило, не приводит к счастливому концу.

* * *

Хранение чистоты

"И скорбел Амнон до того, что заболел из-за Фамари, сестры своей; ибо она была девица, и Амнону казалось трудным что-нибудь сделать с нею" (2 Царств 13:2).

У царя Давида был сын по имени Амнон. Он был старшим из всех сыновей и являлся прямым наследником царского престола, но однажды совершил ошибку, стоившую ему и трона, и жизни. На его примере я хочу дать несколько практических советов, как хранить себя в чистоте.

Царский сын рожден для владычества и трона Израиля, его предназначением было править. То же самое можно сказать и о вас. Вы — царственное священство, созданы по образу и подобию Бога, Божественный шедевр. Вы помещены в Его царство. У Бога есть призвание и предназначение, которое вы должны исполнить.

Амнон влюбился в Фамарь, ему было около 22-х лет, а Фамари – 15. Она являлась его единокровной сестрой по отцу. По закону Моисея, брак с сестрой (а также сводной сестрой) был и остается запрещенным (см. Левит 18:11). *Брату непозволительно иметь со своей сестрой какие-либо романтические отношения.* Дилемма заключалась в следующем: Амнон полюбил Фамарь, но закон Божий запрещал их отношения. Его чувства стали сильными до такой степени, что он занемог. Хотя, это состояние больше похоже на похоть, чем на любовь. Именно похоть к сестре сделала его зависимым и направила на путь саморазрушения. Амнон даже не подозревал, что скоро попрощается со своим предназначением и своей жизнью. Чтобы дойти до цели и исполнить Божественное предназначение, необходимо хранить чистоту. Амнон уяснил это на горьком опыте.

Симпатия к кому-то не является грехом. Чувства — это не проблема, но то, что вы сделаете с этими чувствами, определит, станет ли это грехом. Ошибка Амнона была не в том, что у него появились чувства к Фамари, а в его выборе действовать на поводу этих чувств – вот, что привело к падению. Увлечение — это естественная часть нашей природы, однако нужно подчинять свою биологию своей теологии. Вместо того, чтобы поговорить с отцом, который мог бы помочь, Амнон поделился чувствами со своим коварным двоюродным братом Ионадавом. Ионадав не упрекнул его, не помолился Богу за него. Вместо этого Ионадав разработал план, как заманить ничего не подозревающую Фамарь в спальню Амнона. Его нечестивый друг посоветовал притвориться больным, чтобы вызвать сочувствие и сострадание девушки.

> Нужно подчинять свою биологию своей теологии.

Итак, Амнон солгал отцу, а двоюродному брату открыл душу. С того момента началось отступление. Если бы Амнон просто рассказал отцу, о том, что происходило с его чувствами и душой, Давид вразумил бы его. Давид напомнил бы ему, что тот станет следующим правителем, что Бог пошлет ему прекрасную помощницу. Ему всего лишь нужно было подождать, соблюдая закон Божий. Вместо этого Амнон рассказал о чувствах тому, кто поддержал его в неподчинении Богу. Молодые люди, которые совершают ошибки в отношениях, обычно делают то же самое, что и Амнон. Они скрывают правду от своих родителей и пасторов и делятся своими чувствами с друзьями, которые уверенно их поддерживают. Таких не назовешь настоящими друзьями. Ионадав не заботился об Амноне, в противном случае, он посоветовал бы наследнику держаться подальше от сестры. Плохие друзья — это агенты диавола, которые подталкивают нас к принятию неправильных решений, особенно когда дело касается личных отношений. Не забывайте, именно "друг" предал Иисуса на смерть на кресте. Будьте осторожны, кому вы открываете душу и делитесь своими чувствами! Добрые друзья будут помогать вам держаться Божьих принципов, а ненадежные — поддерживать ваши похотливые желания, которые в конечном итоге отведут вас прочь от вашего истинного предназначения.

Совет Ионадава был хитер: "Вызови у Фамари сочувствие и останься с ней наедине". Так действует похоть. Как только вы начнете добиваться временных отношений, похоть начнет подкидывать вам идеи о том, как спровоцировать человека на интим. У Амнона не было намерений жениться, а только добиться и переспать.

Из истории Амнона, царского сына, мы видим, что похоть:

Желает запретного

Делает человека нездоровым

Вынуждает лгать наставникам

Заставляет искать поддержки у ненадежных друзей

Стремится остаться наедине

Принуждает к сексу

Длится недолго

"Потом возненавидел ее Амнон величайшею ненавистью, так что ненависть, какою он возненавидел ее, была сильнее любви, какую имел к ней; и сказал ей Амнон: встань, уйди" (2 Царств 13:15).

Похоть длится недолго. Амнон перекинулся с одержимой любви к неистовой ненависти.

Посмотрите, как быстро его "любовь" превратилась в нелюбовь. Это почерк похоти. Получив желаемое, Амнон не захотел дальнейших отношений и ответственности. Аналогичный исход ждет каждого, кто в погоне за своей похотью пренебрегает Божьими принципами хранения чистоты.

> Любовь жертвенна; похоть самолюбива.
>
> Любовь ищет общения; похоть — уединения.
>
> Любовь приводит к брачному союзу; похоть принуждает к сексу.
>
> Любовь исцеляет; похоть причиняет боль.
>
> Любовь не перестает, со временем она растет; похоть длится недолго.
>
> Любовь приносит вознаграждение; похоть влечет за собой наказание.

Как только вы отойдете от Божьих обетований и станете встречаться с теми, кто не разделяет вашей веры, вы не сможете хранить чистоту. Ходить в чистоте возможно только в пределах Божьих принципов. Не позволяйте страсти контролировать ваши действия. Если Бог говорит "нет", это не потому, что Он хочет лишить вас радости. Наоборот, Бог заинтересован дать вам будущность и сохранить от разрушения и похоти. Хранение чистоты защитит не только вас, но и другого человека.

Посвятите себя соблюдению Божьих принципов — и вы не окажетесь в плену похоти и страсти. Не начинайте романтических отношений с "подставными лицами"! Дождитесь Божьего времени для своей жизни. Если вы полюбили кого-то, кто не следует за Богом, откройте это наставнику, имеющему отцовское сердце, который сможет помочь вам. Не позволяйте "увлечению" захватить вас и разрушить вашу судьбу.

В следующей главе мы рассмотрим шесть факторов, которые стоит учесть, соглашаясь на встречи и свидания.

ОТ СОЗДАНИЯ ДО СВИДАНИЯ

5

Два сапога – пара

Утренняя молитва стала для меня и наслаждением, и духовной дисциплиной. Я стараюсь ежедневно отделять время на общение с Богом, чтобы быть наедине с Ним, а по средам провожу с Богом весь день. Такую привычку я развил в себе еще будучи старшеклассником. Какое-то время я не был постоянен, но потом снова начал регулярно проводить время с Богом. Нужно подметить, что во время молитвы я люблю ходить, а не стоять на коленях или сидеть. В Библии написано, что Енох *ходил* с Богом, ученики *ходили* с Иисусом. Так что молиться и ходить туда-сюда — это мое. Кстати, это помогает мне быть сосредоточенным и не засыпать.

В одну такую среду я решил провести двенадцать часов в церкви, поклоняясь Богу и читая Его слово. Большую часть времени я ходил перед алтарем — молился и общался с Богом. Мой дух ликовал, но вот ноги кричали о помощи, все потому, что я обул неподходящую обувь. Мои туфли были новыми и красивыми, однако они были абсолютно неудобными, натирали и давили стопу. Вскоре я просто снял их и продолжил ходить босиком. Разувшись, я вспомнил истории из Библии, когда Господь повелел некоторым мужам снять обувь, потому что они стояли на святой земле. От этой мысли я чувствовал себя более духовным. Однако ходить по бетонному полу было холодно и не совсем приятно, в итоге мне пришлось снова обуться. Вечером, вернувшись домой, я не чувствовал ног, они горели, поэтому я закинул те туфли подальше, а ноги хотел засунуть в морозилку. Несмотря на все это, мое сердце было наполнено присутствием Божьим.

С тех пор, когда я планирую провести день с Богом, я тщательно подбираю правильную обувь. Если вы занимаетесь спортом, наверняка вы знаете, как важна правильная и удобная обувь. Бежать дистанцию или тренироваться в парадных туфлях — невозможно. Девушки также знают, как нелегко целый день ходить на высоких каблуках. Есть обувь, предназначенная дополнять стильный вид, и есть обувь, предназначенная для длительной ходьбы, бега, спортивных тренировок. Надев удобную пару обуви, вы не только наслаждаетесь процессом тренировки, она помогает вам дойти до финиша. Интересно, что в списке вещей, которые получил блудный сын, вернувшись к отцу, была новая пара обуви (см. Луки 15:22). В то время только сыновья носили обувь, что было признаком сыновства; а рабы ходили босиком. В Послании к Ефесянам 6:15 говорится, что обувь — это часть нашего духовного снаряжения. Выбор обуви очень важен, особенно если вы планируете преодолевать длинные расстояния.

Супружеская пара

Как я уже объяснял в предыдущих главах, в любви ходят, а не падают в нее. Это путешествие довольно длительное — "пока смерть не разлучит нас". Брак — это не забег на короткую дистанцию, а марафон. Для него нужна будет правильная "обувь". К сожалению, у некоторых людей путешествие любви длится недолго, потому что их пара оказалась совершенно неподходящей. Что я имею в виду? Пары прекращают свои отношения, потому что их ноги (сердце) болят так сильно, что они не в состоянии продолжать идти вместе. Я хочу рассказать вам о том, как найти подходящую пару для путешествия (брака) длинною в жизнь. Найти правильного супруга — это все равно что найти очень удобную пару обуви. Если вы найдете нужную пару, ваше путешествие будет приятным. Давайте рассмотрим общие черты между парой обуви и супружеской парой.

Обувь должна быть хорошего качества. Выглядеть хорошо — недостаточно, для длительного путешествия нужно больше, чем красивый вид. Если вы не хотите, чтобы ваши ноги болели после длительной ходьбы, обувь должна быть качественной и удобной, а не просто красивой. Когда дело касается выбора супруга, то внутренние качества намного важнее, чем внешний вид. *"Добрый человек из доброго сокровища выносит доброе, а злой человек из злого сокровища выносит злое"* (Матфея 12:35). Состояние сердца показывает сущность человека, который воплощает в жизнь то, чем наполнено его сердце. Одной красоты недостаточно, особенно для длительной дистанции. Даже Бог искал царя по сердцу Своему и нашел Давида. В начале знакомства внешность и чувства играют важную роль, однако качество и продолжительность отношений будут зависеть от того, чем наполнено сердце.

Обувь должна совпадать. Я имею в виду половое сочетание. То есть один ботинок должен быть правым, другой - левым. Мужчине нужна женщина, а женщине - мужчина, так же, как правой туфле нужна левая, чтобы получилась пара. В двух левых туфлях невозможно ходить, Бог не создавал наши стопы одинаковыми под два одинаковых ботинка. То же самое относится к брачным отношениям. Бог создал Адама и Еву, а не Адама и Степана. Гомосексуализм подобен ношению двух левых ботинок. Проходите в левых туфлях неделю, что будет с вашими стопами? Обувать одну левую и одну правую туфлю — это то, что подходит нам естественно. Но, к сожалению, здравый смысл стал подавляться в нашем обществе. Если вы боретесь с мыслями о гомосексуализме или лесбиянстве, есть помощь в Иисусе. Не позволяйте этим мыслям проникнуть и стать частью вашей сущности.

Обувь должна быть впору. Она должна не только сочетаться с правой и левой стопой, но и подходить по размеру. Не существует универсального размера, который подходил бы всем. Может быть, в вашем окружении есть хороший человек, который соответствует вам, но не подходит. Я не верю, что во всем мире существует только один человек, назначенный для вас, точно так же как и не верю, что во всей

Вселенной есть только одна пара обуви, которая предназначена для ваших ног. Любой представитель противоположного пола, который следует за Христом, — это кандидат. Но важный вопрос заключается в следующем: подходит ли этот человек для вас и вашего предназначения. Как это узнать? Мы обязательно обсудим эту тему более подробно чуть ниже. Но сначала я хочу подчеркнуть одну вещь: простая дружба поможет вам узнать человека намного лучше, чем когда вы решитесь встречаться с ним, толком не познакомившись. Большинство людей, когда узнают, что кому-то нравятся, начинают играть роли, показывая лучшую версию себя. Поэтому пары начинают встречаться и видят друг друга через призму масок, своих эмоций и чувств, зачастую игнорируя факты и реальность. Но в кругу обычных друзей людям свойственно быть теми, кем они являются на самом деле. Мы редко надеваем маски для друзей.

Оплата на кассе. Когда вы находите обувь, которая соответствует и подходит вам, как правило, вы кладете ее в коробку и направляетесь к кассе, чтобы заплатить за нее. Верно? Вы не переобуваетесь прямо в магазине и уходите, ведь это было бы воровством. Настоящая любовь приводит к алтарю, а не тянет на заднее сиденье машины. То, что наше поколение называет любовью, Бог называет воровством. Это значит отнять у другого человека что-то, что вам не принадлежит. Иногда парни говорят девушкам: "Если ты меня действительно любишь, то займешься со мной сексом". Я советую девушкам в таких случаях отвечать следующее: "Если ты меня любишь, то устроишься на работу, купишь кольцо, встанешь на колено и приведешь меня в церковь, чтобы соединиться в брачном союзе перед Богом и людьми". Похоть покупает презерватив, любовь покупает кольцо. Зарубите себе на носу: секс до брака — это так же неправильно, как выйти из магазина в новой обуви, не заплатив за нее. Положите эти отношения обратно в коробку! Сначала сделайте предложение и начните готовиться к браку. Как только вы станете мужем и женой, то сможете открыть коробку, надеть свои туфли и носить их не снимая, во славу Божью!

> Настоящая любовь приводит к алтарю, а не тянет на заднее сиденье машины.

Еще одно забавное утверждение, которое я слышу от многих людей: "Какая разница, если я займусь сексом с тем, с кем я уже в помолвке, ведь мы скоро поженимся?"

> Секс внутри брака подобен огню, горящему в камине, он согревает брак.

Разница в том, что вы еще не женаты. Допустим, в вашем доме есть камин, который обогревает весь дом. Чтобы поддерживать тепло, вы периодически подбрасываете в камин дрова. Если разжечь огонь в гостиной, всего в пару метрах от камина, дом нагреется тоже. Более того, вскоре станет настолько жарко, что вы не сможете больше контролировать пламя, и придется вызывать пожарную службу, чтобы спасти дом. В действительности вы бы не стали разжигать огонь вне камина, правда? Даже если бы вам предложили разжечь огонь недалеко от него. Почему? Потому что это был бы неконтролируемый огонь, который сжег бы все дотла. Задумайтесь. Тот же самый огонь, те же дрова, тот же самый дом, но вне камина огонь разрушает, а в камине – согревает. Секс внутри брака подобен огню, горящему в камине, он согревает брак. Секс вне брака приносит осуждение и чувство вины, нарушает близость с Богом и приводит к плачевным результатам, может спровоцировать болезни или даже демоническую зависимость. Проще говоря, секс до брака — это грех.

Ремонт, а не возврат. Итак, вы нашли нужную пару обуви, за которую заплатили, вы носите ее с удовольствием. Однажды вы замечаете, что подошва начинает протираться или отрываться. Большинство людей выбросили бы эти ботинки и купили бы новую пару. Но есть настолько эксклюзивная обувь, которую вы не можете просто выбросить. Вы ищете мастера, который специализируется на ремонте такой модели, и несете их в мастерскую. Вот какими должны быть благочестивые отношения. Христиане должны усвоить: когда ваши отношения портятся, вы не бежите в зал суда, а в тронный зал, к престолу Бога. Вы обращаетесь за помощью, а не выбрасываете испорченный ботинок и ищете новую "усовершенствованную" модель. Вы всегда можете начать новые отношения с тем же супругом. Вам нужен не новый супруг, а новый подход и, возможно, помощь со стороны. Развод редко является правильным решением даже в тех случаях, когда это разрешено Библией. Если в ванной перегорает свет, вы не продаете из-за этого дом; вы меняете лампочку и чините свет. Когда в ваших брачных отношениях начинаются трудности, ищите решения, а не

> Если в ванной перегорает свет, вы не продаете из-за этого дом, вы меняете лампочку.

развода. Обратитесь за помощью и консультацией. Отнесите свои отношения в мастерскую по ремонту супружеских отношений, а не в зал суда по бракоразводным процессам.

* * *

Наиболее важная характеристика

"И сказал Господь Бог: не хорошо быть человеку одному; сотворим ему помощника, соответственного ему. Господь Бог образовал из земли всех животных полевых и всех птиц небесных, и привел их к человеку, чтобы видеть, как он назовет их, и чтобы, как наречет человек всякую душу живую, так и было имя ей. И нарек человек имена всем скотам и птицам небесным и всем зверям полевым; но для человека не нашлось помощника, подобного ему" (Бытие 2:18-20).

Обратите внимание, Библия использует слово *"соответственного"*, оно буквально означает, что один человек должен быть похож на другого. Синонимом слова *"соответственный"* является *"похожий"* или *"подходящий"*. Здесь используется оригинальное еврейское слово, означающее *"равный"* или *"соответствующий"*. Соответствие Евы Адаму включало в себя не только их сочетание по половому признаку, она подходила ему по призванию. Правильный ключ может свободно открыть замок, точно так же Бог задумал и романтические отношения в браке, которые помогут во всем путешествии по жизни. Это то качество, которое Адам искал в помощнице. Соответствие было критерием, который определял, с кем он разделит самые важные моменты своей жизни. Этот показатель актуален и в наше время.

> Соответствие означает сочетание по половому/физическому признаку, духовному и эмоциональному.

Я хочу обратить ваше внимание на шесть пунктов, которые назвал сигналами об опасности. Их следует учитывать при определении пары и совместимости с человеком, который вам нравится.

* * *

1. Коэффициент времени

Сигнал опасности: *готовы к свиданиям, но не готовы к браку.*

Коэффициент времени определяет, созрел ли человек для отношений или нет. Если яблоко сорвать до того, как оно созреет, оно будет кислым. Но то же самое яблоко всего через несколько месяцев будет сладким. Время — очень важный фактор в данном случае.

На вопрос: "Время ли начинать романтические отношения?" я всем отвечаю одинаково: "Если в данный момент вы не готовы к браку, значит не время для свиданий и отношений. Если вы думаете, что будете готовы к браку через год, значит только через год придёт правильное время начинать романтические отношения. Как только вы будете готовы к браку, вы будете готовы к свиданиям. В противном случае свидания приведут к блуду". Некоторые говорят: "Я не готов к браку, но я хочу с кем-то встречаться, потому что мне одиноко". Не используйте чьё-то сердце, чтобы избавиться от одиночества. Заведите собаку, найдите хобби, присоединитесь к домашней группе, запишитесь в спортзал, развивайте молитвенную жизнь, найдите себе друзей, но, пожалуйста, не играйте с чьим-то сердцем только потому, что вы эмоционально не удовлетворены. Свидания — это не просто способ развлечений, это путь к браку.

> Как только вы будете готовы к браку, вы будете готовы к свиданиям.

И еще один совет. Я настоятельно рекомендую не начинать встречаться, пока вы не будете полностью исцелены и свободны от предыдущих отношений. Если вы были в романтических отношениях, но порвали с человеком, важно правильно выйти из этих отношений и не ранить человека, с которым вы встречались. Другими словами, убить лошадь, но не всадника. После расставания люди чувствуют себя поникшими, есть непонимание, обиды и даже боль, поэтому нужен период восстановления. Диавол будет подстрекать вас вступить в новые отношения как можно скорей, будто бы новые отношения — это исцеляющий пластырь на рану. Это ошибка. Если поддаться такому искушению, то можно нанести серьезный ущерб вашему будущему. Я рекомендую ждать от 8 до 12 месяцев, прежде чем вступать в новые отношения. Уделите время размышлениям и молитве, беседе с наставником, консультации, возможно, даже освобождению и внутреннему исцелению. Если предыдущие отношения прервались, это не значит, что прервалась ваша судьба. Когда скрипка смолкает, струны все еще присоединены к ее грифу, она еще заиграет.

* * *

2. Коэффициент христианина

Сигнал опасности: *верит в Бога, но не следует за Христом.*

Когда фактор времени соответствует, следующее, на что следует обратить внимание, — это коэффициент христианина, или христоподобия. Это относится как к вашей жизни, так и к жизни человека, который вам нравится.

> *"Жена связана законом до тех пор, пока жив ее муж; но, если ее муж умрет, она свободна выйти замуж за кого пожелает, только в Господе" (1 Коринфянам 7:39).*

Вы свободны вступать в брак с кем пожелаете, *только в Господе*. Бог ясно говорит, что оба человека должны быть последователями Христа. То есть, если вы во Христе, то можете вступать в брак только с тем, кто тоже следует за Христом.

Павел не учил людей вступать в брак с кем они захотят, но условием для брака было то, что этот человек является последователем Христа, а не просто верит в Бога. Мусульмане тоже верят в

Бога. Мормоны верят в Бога. Демоны тоже верят в Бога и даже трепещут при упоминании Его имени, но они все равно идут в ад. Одной веры в Бога недостаточно; человек должен следовать за Иисусом. Является ли он последователем Христа? Покаялся ли он? Принял ли водное крещение? Посещает ли он церковь и служит Богу? Посещает ли домашнюю группу? Приносит ли десятину? Есть ли у него личные отношения с Иисусом? Это те вопросы, которые вам необходимо задать, прежде чем начинать свидания и отношения.

То, что человек республиканец, не гарантирует, что он верующий. Ходить в церковь на Пасху и другие праздники, даже иметь верующих родителей недостаточно. Человек должен сам искать Бога и следовать за Ним. И не соглашайтесь на обещание, что он начнет следовать за Богом, как только вы поженитесь. Это размытое и пустое обещание, такой человек несерьезно относится к Богу и всего лишь создает вид христианина, он не любит Господа на самом деле. Ваш избранник должен искать Бога и знать Его до того, как вы начнете встречаться; я хочу, чтобы этот момент вы усвоили четко.

Я также призываю молодежь встречаться с людьми ваших доктринальных убеждений. Если вы придерживаетесь строгих баптистских убеждений, ищите среди тех, кто также посещает баптистскую церковь. Если вы пятидесятник, то правильно будет искать пару среди пятидесятников.

Нет необходимости тратить время в браке на споры о вероучении и молитве на иных языках. В браке будут свои трудности, поэтому не нужно добавлять к ним доктринальные дебаты.

Одной из причин, по которой Бог хочет, чтобы мы вступали в брак с человеком нашей веры, заключается в духовном единстве, что является самой глубокой возможной близостью. Кроме того, у вас обоих будет одно и то же убежище, к которому вы сможете прибегнуть в трудностях. Бог всегда на стороне брака. Он всегда будет направлять и вести каждого человека к тому, чтобы тот стал лучшим супругом.

И наконец, я бы настоятельно рекомендовал вам не строить из себя супердуховного человека, а искренне посвящать себя Иисусу. Быть тем, кто предан Богу, но открыт для простого общения. Иисус всецело и полностью посвящал себя Отцу, при этом Сын Человеческий был доступен каждому. Он не пытался сбить людей с толку супердуховными речами, напротив, Он говорил на языке, который всем был понятен, используя примеры, соответствующие их опыту и культуре.

Станьте тем человеком, с кем бы вы сами захотели вступить в брак, тем самым, вы привлечете людей похожих на себя.

* * *

3. Коэффициент характера

Сигнал опасности: *вы встречаетесь, надеясь, что в будущем характер изменится.*

Следующий шаг — учесть характер, то есть внутренний мир и сущность человека. Это та часть личности, которую знает только он сам. Многие люди часто основывают свое мнение на репутации кого-то, а не на характере человека.

Характер показывает нашу истинную сущность, это то, как мы относимся к людям, особенно если дружба с ними не приносит нам выгоды. Парни, обратите внимание на то, как девушка разговаривает со своим отцом и братом; вскоре после свадьбы она будет общаться с вами так же. Девушки, обратите внимание на то, как парень, который вам нравится, обращается со своими сестрами и мамой, потому что вскоре после свадьбы именно так он будет поступать и с вами. Характер — это то, как вы реагируете, когда ваша гордость задета или когда что-то идет не по-вашему.

> Репутация — это мнение окружающих; характер — это внутренняя сущность человека.
>
> Репутация может создаться в одно мгновение; характер формируется в течение всей жизни.
>
> Репутация — это фотография; характер — это ваше лицо.
>
> Репутация может сделать богатым или бедным; характер делает счастливым или несчастным.
>
> Репутация — это то, что люди пишут на надгробии; характер — это то, что ангелы говорят о вас перед Божьим престолом.
>
> Репутация - это то, с чем вы входите в общество, а характер — это то, что вы оставляете после себя.

Не встречайтесь с человеком в надежде на то, что брак исправит его. Мужчины женятся, мечтая, что избранница никогда не изменится, но она меняется; а женщины выходят замуж в надежде, что избранник изменится, но этого не происходит. Мы все взрослеем и меняемся, но, если у вас есть серьезные проблемы характера, такие как жестокое обращение с людьми, гнев, зависимость или насилие, как правило, они не исчезнут просто потому, что вы сыграете свадьбу. Не связывайте свою жизнь с человеком в надежде на то, что он изменится. Пусть Господь изменит его, прежде чем вы вступите в брак. Никогда не влюбляйтесь в теоретически возможное будущее. Обратите внимание на то, как человек живет сейчас, и кем он является в данное время. Помните, брак не устранит проблемы, он только увеличит их.

> Характер — это то, как вы реагируете, когда ваша гордость задета.

Итак, прежде чем соглашаться на свидание, нужно обратить внимание на характер человека. И не менее важно обратить серьезное внимание на свой собственный характер. Можно запросто иметь завышенные требования к другим, полностью игнорируя проблемы с собственным характером и необходимость работы над собой.

> Не связывайте свою жизнь с человеком в надежде на то, что он изменится.

Если вы хотите честного, щедрого, доброго, терпеливого, добросовестного и порядочного человека, вам нужно самому начать становиться таким. Бог не хочет, чтобы ваш брак был похож на женитьбу Иакова, который думал, что лег с Рахилью, но проснулся с Лией. Он думал, что женится на прекрасной Рахили, но невеста оказалась совсем другой, некрасивой личностью. Сегодня многие браки заканчиваются тем же сценарием. Люди женятся, ожидая одного, а получают другое. После свадьбы начинают проявляться черты человека, и мы понимаем, что женились не на Рахили, а на Лии. Иаков влип, потому что сам тоже был обманщиком. Если вы не хотите разочароваться, оказавшись женатым на "Лии", начните подчинять свой собственный характер Господу. Работайте над своими пороками со Святым Духом. Позвольте узнать, вы бы хотели вступить в брак с подобием самого себя? Если ответ отрицательный, то почему кто-то другой пожелает создать семью с вами? Начните меняться с помощью Святого Духа. Перестаньте оправдывать свой скверный характер стечением обстоятельств и поведением других. Это все равно что сваливать вину за свои растрёпанные волосы на подушку и отсутствие зеркала. Начните брать ответственность за свои поступки и ошибки. Научитесь приносить свои проблемы Богу, а не находить отговорки и реагировать так, как вы привыкли.

> Любовь подобна приятному и сладкому сну, а отношения в браке похожи на будильник.

***

4. Коэффициент интуиции

Сигнал опасности: *ваше сознание и интуиция подсказывают: "Что-то не так".*

Если у вас нет мира в сердце по поводу ваших отношений, ОСТАНОВИТЕСЬ и РАЗМЫСЛИТЕ, прежде чем окунаться в них с головой. Очень часто мир в сердце — это показатель Божьей защиты. Не пренебрегайте внутренним водительством.

"Светильник Господень — дух человека, испытывающий все глубины сердца" (Притчи 20:27).

Ваш дух соприкасается со Святым Духом. Научитесь распознавать голос Господа внутри себя. Очень важно, чтобы ваш дух был соединен с Духом Божьим. Библия учит нас не следовать своему сердцу, потому что оно обманчиво. Но когда ваш дух возрождается и подчиняется Богу, он становится инструментом, через который Дух Святой направляет вас. Это редкость — услышать явный голос Бога, наставляющий вас по поводу отношений, скорее всего это будет мягкий, тихий, внутренний голос, который будет вас вести, защищать и направлять. Относитесь к нему

> Не пренебрегайте внутренним водительством.

серьезно. Не принимайте никаких решений, пока у вас не будет ясности и внутреннего мира.

Нужно сказать, что мое первое свидание с Ланой было больше похоже на допрос, чем на знакомство. Я расспрашивал ее обо всем, включая ее прошлое, и поделился своим прошлым. Я узнал ее планы и мечты на будущее. Моя будущая жена хотя и была дочерью пастора, но большую часть своих подростковых лет она не следовала за Иисусом. Она жила мирской жизнью, которая включала в себя выпивку, наркотики и секс. Лана пережила встречу с Богом за четыре года до знакомства со мной. После того, как она рассказала о своем прошлом, я резко изменил свое мнение, запаниковал и расстался с ней на следующий день. Я был девственником физически, но не в мышлении и не эмоционально, потому что в подростковом возрасте у меня была серьезная зависимость от порнографии. Тем не менее я чувствовал, что "заслуживаю" девственницу и не смогу жить с кем-то, кто был в интимной близости с другим человеком. Поэтому я расстался с Ланой прямо перед Новым годом. Так совпало, что в январе наша церковь взяла 21-дневный пост. Я тоже постился. Во время этого поста Бог побудил меня пожертвовать большую часть моих сбережений, которую я копил на свадьбу. После поста, по совершенно непонятным причинам, меня наполнил необыкновенный мир по поводу отношений с Ланой. Несмотря на то, что я только что с ней расстался, мои чувства к ней стали сильнее. Я связался с ней и попросил о встрече. Сначала она колебалась, но потом заметила во мне разницу — я действительно стал по-другому относиться к ее прошлому.

Спешу заметить, что я не слышал явный голос Бога, у меня не было пророческого сна или слова знания, но меня окружил сверхъестественный мир по поводу наших отношений. Я дал ей обещание, что никогда не буду напоминать ей о ее прошлом или упоминать это в конфликтах. По милости Божьей по сей день я держу обещание. Интересно, что именно от нее я научился больше любить людей. Поэтому запомните: то, что ваш избранник больше не девственен, совсем не значит, что он или она - "второсортный товар". То же можно сказать и о тех, кто был зависим от порно: то, что они в прошлом оступились, не означает, что им не следует ожидать благословений от Бога для своей жизни. Они все еще могут получить лучшее от Господа благодаря Его милости и благодати.

У меня был мир в сердце по поводу отношений с Ланой. Если сейчас вы в отношениях и по той или иной причине у вас нет внутреннего мира, я бы советовал вам не торопиться с серьёзными решениями.

* * *

5. Коэффициент наставника

Сигнал опасности: *наставник или пастор не одобряют ваши отношения.*

Английское слово "коуч" или "наставник" произошло от слова "карета", в которую запрягали лошадей. Это тип транспортного средства, который сначала использовался для перевозки членов королевской семьи, но со временем на каретах стали перевозить ценные вещи, почту и обычных пассажиров. Кучер или наставник перемещает человека из точки А в точку Б, к которой он стремится. Духовные наставники, подобно кучерам или спортивным коучам, инструктируют и направляют нас к цели. Человеку следует прислушиваться к наставникам, иначе придется учиться на собственных ошибках. К сожалению, бывает, что люди не учатся даже на своих ошибках.

В Притчах 11:14 говорится: *"При недостатке попечения падает народ, а при многих советниках благоденствует"*. Когда дело касается романтических отношений, важно прислушаться к своим наставникам. Это могут быть родители, пастор, руководитель домашней группы. Если они не поддерживают эти отношения, то советую вам серьезно задуматься. Они могут видеть те факты и опасности, которые вы не видите, так как воспринимаете все сквозь призму чувств. Конечно, именно вы решаете, с кем вам вступать в брак, а не ваши родители или ваш пастор, тем не менее, настоятельно советую прислушаться к их мудрости.

Я всегда спрашивал совета как у своего пастора, так и у своих родителей. Мой пастор давал мне советы, основываясь на моем призвании. Я знал, что он искренне заботился обо мне и моем предназначении на этой земле. Мои родители, с другой стороны, давали мне советы, основанные на

> Следует прислушиваться к наставникам, иначе придется учиться на собственных ошибках.

том, что они знали обо мне с рождения. Прежде чем я решился на встречу с будущей женой, я попросил своего пастора позвонить пастору Ланы, чтобы узнать о ней поподробнее. Возможно, этот метод покажется старомодным, но таким образом люди, которым вы доверяете, помогут вам обезопасить ваше сердце, участвуя в подобном решении. Я также встретился с молодежным пастором Ланы и задал ему несколько вопросов о ней. Пастора всегда видят больше и дальше, чем мы сами. К тому же, я многим делился с родителями. Подчеркну, решение принимаете вы, но целесообразно услышать мнение родителей и наставников, потому что при возникновении трудностей в отношениях, угадайте, к кому вы обратитесь за советом? К родителям и пастору. Иногда я задаюсь вопросом, сколько разбитых сердец могло бы не быть, если бы только у людей хватало смелости и смирения прислушиваться к наставникам, а не полагаться исключительно на свои чувства.

Будучи сам пастором, я видел много людей, переживающих разочарование и боль в отношениях и браке. Многих проблем можно было бы избежать, если бы люди не игнорировали голоса наставников. Когда ты влюблен, кажется, что никто не способен видеть то, что видишь ты. Но в действительности, влюбленность притупляет зрение, а иногда и здравый смысл.

Если же ваше решение встречаться окончательное — тогда нет смысла спрашивать моего мнения или мнения наставников.

Будьте откровенны и не играйте в игры. Если вы встречаетесь с человеком, которого вы знаете, а ваши наставники не одобряют, потому что видят в нем что-то неподобающее, но вы игнорируете их советы, тогда избавьте себя от конфронтации и просто встречайтесь. Что? Пастор Влад действительно это рекомендует? Да. Это ваш выбор. Вы действительно можете сделать все, что захотите, и наставники вас не остановят. Даже Бог не станет вас останавливать, если вы выберете ад. Но я прошу вас, пожалуйста, не идите этим путем. Поберегите свое сердце и подумайте о своем будущем, не будьте упрямы и не разрушайте свою жизнь собственными руками. Позвольте старшему оценить ситуацию, прежде чем ваши чувства разрушат вас.

У моего брата была немецкая овчарка по кличке Эйприл. Каждый раз, оставаясь на нашем заднем дворе, она пыталась перескочить через забор. Я жил на улице, по которой машины ездят на приличной скорости. Через дорогу

> Позвольте старшему оценить ситуацию, прежде чем ваши чувства разрушат вас.

от нас находился еще один огороженный двор с собаками. Однажды Эйприл всё-таки выбралась и пулей помчалась через дорогу, чтобы полаять на тех собак. Самое интересное, что в то время по дороге неслись машины — она их не замечала, она вообще не обращала никакого внимания ни на кого. У Эйприл была цель — добраться до собак за забором напротив. Водители сигналили и тормозили, но она даже не повернула головы, чтобы посмотреть, а продолжала бежать. К сожалению, многие влюбленные ведут себя именно так.

Часто, когда люди влюбляются, их зрение становится однобоким, они не видят ничего другого, кроме своего увлечения. Поэтому Богу нередко приходится использовать наставников, чтобы корректировать тех, кто начинает двигаться в неправильном направлении, и открывать им глаза.

* * *

6. Коэффициент влечения

Сигнал опасности: *встречаться с человеком, не испытывая к нему особого влечения.*

Чувствовать симпатию и испытывать физическое влечение вполне естественно для природы человека. Я уже говорил о том, что мы не должны использовать влюбленность для принятия решений. Физическое влечение не должно являться главным фактором при вступлении в брак, но оно играет важную роль в отношениях и браке. Для большинства людей эта часть самая легкая. Кто бы женился на человеке, который ему не нравится, верно?

Однажды в нашей церкви была ситуация, когда парню понравилась девушка. Они начали общаться по смс и влюбились друг в друга через переписку. Когда же они встретились за чашечкой кофе, он вел себя неадекватно, как будто стеснялся ее. Его семья уже начала говорить о том, как они хорошо подходят друг другу. Оба были одной веры, культуры, прекрасно образованные... список можно продолжить. Он ей нравился, и она считала его хорошим парнем. Но девушка не была по-настоящему влюблена в него. Впрочем, она полагала, что чувства будут расти по мере того, как они будут лучше узнавать друг друга. Ее больше всего беспокоило то, что она не особо нравилась этому парню. Было такое ощущение, что его тянуло к ней, только когда они переписывались. После того, как девушка попросила совета у моей жены, я решил вмешаться и встретиться с ним лично. При нашей встрече я прямо спросил его: "Как ты думаешь, эта девушка шикарная и горячая?" На что тот ответил: "Пастор, почему вы задаете такие нетактичные вопросы? Она моя сестра во Христе, и я отношусь к ней как к сестре". Я ответил: "Ну это уже отвратительно. Ты не можешь строить романтические отношения с девушкой, которую видишь только как сестру. Естественно, ты должен общаться с женщинами как с сестрами во Христе, но, если ты хочешь встречаться с ней, у тебя должны бегать "мурашки по коже" от одной только мысли о ней".

Когда человек встречается с кем-то, к кому у него нет влечения, — это проблема хотя бы потому, что у всех девушек есть какая-то невидимая антенна, которая помогает им узнать, красивы ли они для вас. Если девушка понимает, что вы не думаете, что она красивая, она, как правило, чувствует себя очень неуверенно. Парень, в свою очередь, когда недоволен девушкой, начинает искать другую. Когда такое происходит, кто-то при этом страдает или все это заканчивается грехом.

Я хочу внести ясность: физическое влечение — это не похоть. Похоть — это нечто грешное и запретное. Влечение — это желание находиться рядом с человеком. И это еще не любовь, потому что любовь — это выбор и жертвенность. Особое влечение, о котором я говорю, должно присутствовать изначально в отношениях. Повторюсь, на нем не стоит строить отношения, как и не нужно встречаться с человеком, если у вас нет к нему вообще такого чувства.

На примере Адама мы видим, что сначала у него были отношения с Богом. Он знал, кем являлся, и у него была работа. Он понимал Божье условие отношений, которое заключалось в соответствии. И тем не менее он не сразу нашел кого-то подходящего. Прежде чем Бог привел к Адаму супругу, он усыпил его. Я называю это периодом сна, в котором сексуальное желание человека находится в стадии не прикосновения. Это то, что мы обсудим в следующей главе.

ОТ СОЗДАНИЯ ДО СВИДАНИЯ

6

Усыпленное либидо

Более десяти лет я служу спикером во многих молодежных лагерях. Чаще всего я останавливаюсь в тех же коттеджах, где ночует молодежь. Я помню случай в одном молодежном лагере в Орегоне недалеко от океана. Моя комната находилась на втором этаже, а этажом выше меня в большой номер заселились приблизительно 10 парней. Вечером после отбоя, а точнее за полночь, они решили поиграть в футбол прямо у себя в комнате. Естественно, из-за возни, шума и громких звуков я не мог уснуть. В какой-то момент в здании все загрохотало, казалось, что в нас попал реактивный снаряд. Утром я узнал, что во время футбола парни умудрились завалить двухъярусную кровать. К счастью, никто не пострадал.

На следующий день, когда я проповедовал, мне было легко определить моих соседей-футболистов. Знаете как? Эти ребята зевали весь день. Из-за того, что ночь они провели играя в футбол, днем им было тяжело бодрствовать. Бог устроил наш организм таким образом, чтобы ночами мы отдыхали и были в покое, тогда днем мы сможем полноценно функционировать.

* * *

Бог работает, когда мы ожидаем

Итак, Бог сказал Адаму о паре, и Адам начал искать себе помощника, подобного ему, но так и не нашел. Как я уже упоминал, одним из критериев выбора пары является соответствие супругов. Адам не смог найти того, кто бы отвечал этому критерию, поэтому он вернулся к Богу. У Бога было решение, причем очень нестандартное.

"И навел Господь Бог на человека крепкий сон; и, когда он уснул, взял одно из ребер его, и закрыл то место плотью" (Бытие 2:21).

Усыпленное либидо

Господь погрузил Адама не просто в сон, а в глубокий сон. В таком состоянии больше не нужно было искать ни жену, ни помощника, а просто спать. Бог на самом деле работал удивительным образом. Представьте себя на месте Адама. Бог спросил: "Ты устал от поисков? Может, отдохнешь немного? Просто закрой глаза и спи". Так вот, Адам замер, но не умер, он только погрузился в глубокий сон. Иногда со стороны такое состояние может показаться мертвым, но разница в том, что спящий заряжается силой и энергией для того, что ожидает его в будущем. Те, кто на самом деле мертвы, не встанут, они умерли.

Могу я кое-что предположить? Возможно, Бог приглашает вас, как Адама после сезона бодрствования и тщательных, но безрезультатных поисков, погрузить в сон вашу сферу романтических отношений. Под сном я подразумеваю остановить поиски, успокоиться, закрыть глаза, но не сердце. Буквально отдайте эту сферу в руки Бога, проводите время с Ним и ожидайте Его. Старания Адама найти себе пару ни к чему не привели. Но когда Адам успокоился и спал, Господь начал работать над ним. Возможно, все ваши поиски и старания ни к чему не привели. Может быть Бог также ожидает, когда вы остановитесь, отдадите все в Его руки, чтобы Он мог начать работать в этой сфере вашей жизни? Если вы находитесь в подобном состоянии, я предлагаю вам прямо сейчас помолиться и возложить это бремя к ногам Иисуса. Вместо того, чтобы искать себе пару, начните искать Царство Божье, ожидая, что Бог приложит в вашу жизнь все остальное.

Когда Адам уснул, Бог приступил к работе. Господь завершил творение всего мира, и теперь пришло время заняться судьбой Адама. Мы все хотим участия Бога в нашей судьбе, не правда ли? Лучший способ сделать это — осознать, что Бог не бездействует; пока мы ожидаем Его – Он работает. Когда мы ищем Царства Божьего, Он приносит в нашу жизнь то, чего недостает. Если вы все еще продолжаете упорно искать пару и не находите, безрезультатные поиски могут принести разочарование. Впоследствии некоторые люди приходят в отчаяние и теряют терпение. Возможно, пришло время изменить свою тактику. Позвольте Богу заняться этим вопросом. Он работает в интересах тех, кто ожидает Его, в данном случае "спит".

> Бог не бездействует; пока мы ожидаем – Он работает.

Заметьте, когда Адам уснул, Бог работал не над Евой, а над ним. Именно поработав над Адамом,

Бог смог создать Еву. В период ожидания, когда вы ищете Божьего лица, Он работает над вами так же серьезно, как и над человеком, которого готовит для вас. У всех нас есть сферы, которые нужно менять. Это могут быть какие-то неправильные отношения, недостатки характера, эмоциональные травмы, пристрастия или вредные привычки. Такие вещи нужно изъять; это как задолженность, от которой Бог хочет вас избавить. Это может быть потрясение, от которого нужно исцелиться. Это может быть пристрастие к порнографии, от которого нужно освободиться. Ожидание Бога — это разрешение Ему работать прежде всего над вами. Время с Богом — это не пассивность, а поиск Его путей и интересов, это производит хирургическое вмешательство в ваш характер и сердце.

> В период ожидания Бог работает над вами так же серьезно, как и над человеком, которого готовит для вас.

* * *

И привел ее к человеку...

Прежде чем Бог приведет к вам пару, Ему нужно что-то из вас достать. Да! Прежде чем Бог привел к Адаму жену, Он извлек из него ребро, пока тот спал. Напомню, Создатель действует, когда вы погружены в "сон". Ожидание Бога — это не трата времени, это время хирургического вмешательства, и когда Бог что-то извлекает, то взамен Он дает лучшее.

Возможно вы считаете, что у вас все в порядке, что Бог должен работать над другими людьми. Это правда, Он работает над другими, чтобы привести к вам правильного человека. А вы сами являетесь тем правильным человеком, к которому Бог пошлет другого правильного человека? Во время такого хирургического вмешательства Богу нужно устранить из вас неуверенность, боль, твердыни, финансовые долги, токсичные отношения, плохое поведение и т. д. Заранее предупреждаю, что перенести подобные процедуры нелегко, но необходимо. Иногда операция критически важна для нашего здоровья. Позвольте Богу делать духовную операцию в вашем сердце, чтобы у вас было хорошее духовное здоровье.

> Когда Бог что-то извлекает, то взамен Он дает лучшее.

Над чем Бог работает в вашей жизни? Чему Он уделяет время в данном сезоне? Что за ребро Ему нужно изъять из вашего сердца? Просто задумайтесь над вопросом и не обобщайте ответ.

Усыпленное либидо

Не говорите: "Ну, Бог пытается изменить всю мою жизнь". Да, но Он работает конкретно и целенаправленно, а не абстрактно и обобщенно. Смотрите, Он удалил у Адама одно конкретное ребро, а не каждую кость перебрал. Работа Духа Святого часто направлена на определенные сферы нашей жизни; обличение Духа конкретно, а вот осуждение всегда носит общий характер.

> Обличение Духа конкретное, а вот осуждение носит общий характер.

Например, осуждение говорит: "Я плохой человек", в то время как обличение говорит: "У меня плохое отношение к моим родителям". Одно — общее, другое — конкретное. Богу важна каждая сфера, и Он хочет работать поочередно над деталями нашей жизни. Дух Святой обличает нас в определенных сферах и работает над ними, исправляя одну за другой. Когда вы разрешаете Богу что-то вынуть из вас, взамен Он дает лучшее. Позволяйте Богу работать над вами, пока вы ожидаете.

* * *

Десятина подростковых лет

"...не будите и не тревожьте возлюбленной, доколе ей угодно" Песни Песней 2:7.

Четыре раза такое повеление встречается в книге Песни Песней. Речь идет о поведении, которое предотвращает пробуждение недозволенной любви. Это время для сна, оно очень похоже на то, что Бог сделал с Адамом. Усыпление либидо — это когда вы усыпляете сексуальное влечение; подчеркну, усыпляете, а не умерщвляете. Бог не хочет устранять его, Он хочет, чтобы вы усыпили их до наступления правильного времени.

Я верю, что это наставление особенно применимо к подросткам. Существует семь подростковых лет, или подростковый период, который заканчивается в возрасте 19 лет. В 20 лет вы вступаете во взрослую жизнь. Интересно, что в Псалме 89:10 Моисей говорит, что наша жизнь на земле длится 70 лет, а некоторые достигают 80-ти при большей крепости.

Итак, согласно этому месту Писания, продолжительность человеческой жизни составляет 70 лет. Семь из этих лет являются подростковыми. Семь — это десять процентов от семидесяти. Я бы сказал, что ваши подростковые годы — это определенная десятина, которую нужно посвятить Богу, потому что это десять процентов вашей жизни. Я никоим образом не имею в виду, что только несколько лет нашей жизни принадлежат Богу, а затем остальные годы принадлежат вам самим. Мы должны жить, расти и пребывать в Боге всю свою жизнь. Однако дело в том, что в подростковом возрасте происходит очень много физических и психологических изменений, и Бог хочет, чтобы эти годы были посвящены Ему так же, как мы посвящаем Ему наши десятины.

Принцип десятин таков: мы почитаем Бога финансами, принося первые десять процентов для Его Царства. Мы не даем, чтобы получить; мы получаем, чтобы отдавать. Бог, в свою очередь, благословляет оставшиеся 90 процентов. То же самое относится и к подростковым годам: когда мы полностью посвящаем их Господу (засыпаем сексуально и просыпаемся духовно), Он высвобождает Свою благодать и благосклонность на оставшиеся годы нашей жизни.

Если подросток начнет пробуждать себя сексуально и ходить на свидания, это может привести к сексуальной распущенности и блуду. Но даже если дело не дойдет до блуда, согласно статистике, отношения, начавшиеся в подростковом возрасте, очень редко заканчиваются браком. Поэтому, даже если свидания не запятнали вашу сексуальную чистоту, они определенно могут растратить ваши силы и потенциал впустую. Будучи долгое время молодежным пастором, я заметил один общий знаменатель отношений — подростки, которые просыпаются сексуально, засыпают духовно. Я был свидетелем также и обратного. Подростки, которые просыпаются духовно, обычно засыпают сексуально; это значит, что они откладывают романтику до подходящего времени. Это не означает, что их сексуальные эмоции умирают, они всего лишь замирают до времени. Пока вы еще подросток Бог хочет, чтобы вы усыпили и контролировали не только ваше либидо, но и эмоции по отношению к противоположному полу. Живите этот сезон так, чтобы созидать себя духовно, развиваться академически и раскрывать свое призвание.

> Подростки, если свидания не запятнали вашу сексуальную чистоту, они определенно могут растратить ваше время и потенциал впустую.

Ваша чистота определяет вашу страсть по Богу. А Он хочет, чтобы ваши чресла были препоясаны и светильники горящи (см. Луки 12:35). Слово "чресла" подразумевает сексуальность, а "светильники" — духовность. Ваш светильник не сможет гореть, если чресла не будут препоясаны. Подросток, который сексуально активен, скорее всего духовно

Усыпленное либидо

усыплен. Не тратьте "десятины" на вещи, которые не будут иметь никакого значения через 5-10 лет. Серьезно, если вы попросите любого взрослого назвать имя человека, в которого они были отчаянно влюблены в подростковом возрасте, то большинству будет трудно вспомнить даже это. Через десять лет вы с трудом вспомните имя парня или девушки, из-за которых переживали и теряли сон.

> Ваша чистота определяет вашу страсть по Богу.

В молитве просите Бога усыпить ваши сексуальные эмоции и пробудить вашу духовность. После такой молитвы вам нужно будет сознательно закрывать глаза на противоположный пол. Перестаньте возбуждать себя и подкармливать чувства, с которыми вы не в состоянии справиться. Не оставайтесь наедине с человеком противоположного пола и не становитесь с ним "лучшими друзьями". Прекратите отправлять личные сообщения и фотографии человеку противоположного пола, словно вы уже в брачных отношениях. Отбросьте то, что возбуждает ненужные эмоции. Другими словами, УЛОЖИТЕ ЭТО СПАТЬ! Погрузите в кому свои сексуальные желания. Ваши друзья могут подумать, что вы что-то пропускаете. Общество сочтет вас ненормальными. Но реальность такова, что вы не сможете полноценно функционировать днем, если плохо спите ночью. Вы уловили мою мысль?

Подростковые годы — это ночь, в которую вы должны спать сексуально, чтобы, когда наступит день, то есть взрослые годы, вы могли пробудиться и полноценно функционировать. Бог хочет, чтобы ваш брак был полон любви, свиданий, романтики, флирта и интима. Ваш день приближается. Вы будете готовы к нему, если выспитесь. Часто люди вступают в брак в таком же состоянии, как некоторые выходят на работу после бессонной ночи — уставшие эмоционально и физически, зевающие и измученные. Вскоре они приходят к выводу, что брак скучен и супруг или супруга уже не возбуждают их. На самом деле, не подростковые годы, а именно брак — это время для романтических свиданий, цветов, поцелуев, объятий, и всего остального, что с этим связано. Всем этим вещам место в браке. Печально видеть, как многие браки сегодня распадаются. Большинство супружеских пар ходят на свидания только до свадьбы, а потом романтические встречи прекращаются. Рик Уоррен однажды сказал: "Если бы в браках было больше ухаживаний и романтики, пары бы меньше подавали на развод". Я верю, что свидания предназначены для брака, а брак — для свиданий.

Усыпленное либидо

> "Если бы в браках было больше ухаживаний и романтики, пары бы меньше подавали на развод" - Рик Уоррен.

Позвольте мне бросить вам вызов: придержите свое либидо для брака, хорошенько отоспавшись. Ваши годы воздержания — это ночь, за которую вы должны научиться спать сексуально! Общество говорит вам, что в это время нужно набраться побольше опыта. Однако Бог говорит вам, что нужно научиться пребывать в покое. Когда придет ваше правильное время, вы сможете полностью пробудить себя для брака.

> Свидания предназначены для брака, а брак — для свиданий.

Кстати, то что вы воздерживаетесь, не означает, что в браке счастье наступит автоматически. Идиллия в отношениях с супругом является сознательным выбором и требует постоянной работы, но по-настоящему это становится возможным после сексуального отдыха.

* * *

А что, если уже слишком поздно?

Что делать, если вы не можете заснуть? Вы понимаете, что было бы хорошо усыпить свое либидо, но это нелегко. Вы попытались, но оно продолжает просыпаться. Точно так же, как при регулярном сне, нужно напоминать себе, что это важно и очень нужно для здоровья. Это в приоритете. Когда вы собираетесь спать, что вы делаете? Вы ложитесь, выключаете телевизор и телефон, устраняете лишние шумы, выключаете свет и закрываете глаза. То же самое относится к вашей чистоте. Ложась в кровать, проводите время с Богом, сознательно выключайте все, что может вас отвлекать, прекратите флиртовать, избегайте переписки или обмена личными сообщениями с противоположным полом. Мой совет таков: общайтесь с противоположным полом настолько достойно, как если бы вы уже состояли с кем-то другим в браке.

> Общайтесь с противоположным полом настолько достойно, как если бы вы уже были женатыми или замужем.

Воспитывайте в себе эту привычку чистоты. Однажды вы выйдете замуж или женитесь, и те же привычки, которые были у вас до брака останутся с вами и после свадьбы. В Притчах 18:22 говорится, что благословен тот, кто нашел себе добрую жену. Заметьте, Библия не говорит, что благословен мужчина, который нашел себе женщину. На самом деле слово Божье имеет в виду, что женщина уже умела вести себя как жена до того, как стала ею. Будучи незамужней, она научилась держать себя в руках и заботиться о своем сердце так, как если бы была замужем.

А как насчет тех, кто был сексуально активен до вступления в брак? Прежде всего вы должны понять, что любая сексуальная активность вне брака является грехом, значит в этом нужно покаяние. Как только вы покаетесь, следующее, что вам необходимо, — это принять свободу от осуждения как Божий дар. Однажды Иисус сказал женщине, совершившей сексуальный грех, что Он не осуждает ее. Если после раскаяния вы будете продолжать жить в осуждении, сатана будет пользоваться этим, чтобы снова тянуть вас в грех. Бог простил вас и помиловал — это первый шаг; дальше Иисус сказал той женщине идти и больше не грешить. Другими словами Иисус сказал бы вам: "Послушай, сейчас у тебя полночь, нужно спать, так что иди отдыхать". Лучше поздно, чем никогда. Поэтому "иди и больше не греши" может означать, что вам нужно прекратить отношения, начать прислушиваться к наставникам, а затем, когда придет ваше время, вы вступите в брак.

Не ведитесь на ложь, что вы опоздали, потому что вовремя не успокоили свое сексуальное влечение. Может быть, вы потеряли девственность.

Возможно, ваши подростковые годы были прожиты в сексуальной распущенности. У Бога для вас есть милость и есть надежда. Еще не поздно прийти к Иисусу, покаяться и получить Его силу жить святой жизнью. Раав была блудницей, Бог не только принял, но и восстановил её. Она стала женой Салмона из колена Иудина, того самого шпиона, которого она спрятала в своем доме. Она вышла замуж за хорошего человека, у них родился сын по имени Вооз, который стал дедушкой царя Давида. Бог использовал Раав, чтобы привести в мир царя Давида, и дал этой женщине место в родословной Иисуса, несмотря на то, что у нее было темное прошлое.

Я не хочу преуменьшать пагубности влияния сексуального греха. Грех убивает и разрушает. Он отделяет нас от Бога. Сексуальный грех опасен еще тем, что потребуется больше времени, чтобы восстановиться от его последствий, поскольку секс затрагивает всю сущность человека. Иисус умер за ваши грехи и Он предлагает вам прощение. Покайтесь и примите Его милость. Позвольте Духу Святому дать

> Сексуальный грех опасен еще тем, что потребуется больше времени, чтобы восстановиться от его последствий, поскольку секс затрагивает всю сущность человека.

вам силу жить святой жизнью. Попросите Бога усыпить ваше либидо, пока не наступит правильное время.

Итак, в этой главе мы рассмотрели вопрос правильного ожидания. Далее мы поговорим о том, что следует делать, когда приходит время и появляется правильный человек.

ОТ СОЗДАНИЯ ДО СВИДАНИЯ

7

Бог предлагает – мы выбираем

В самый обычный вечер среди недели я подвозил одного подростка домой. В то время мне очень нравилась Лана, но я ждал сверхъестественного знака от Бога, что именно она должна стать моей женой. Я верил, что, если ангел явился Иосифу, чтобы подтвердить, что ему нужно было жениться на Марии, Бог мог бы отправить ко мне ангела тоже. Итак, в тот вечер я вез домой одного парня, который уже несколько месяцев посещал нашу молодежку. По дороге мы разговорились, и он поделился, что имеет откровение, кто будет его будущей женой. Я подумал: "Ничего себе! Этот подросток уже знает, кто будет его женой?" А я был молодежным пастором и все еще не знал насчет Ланы, а ждал откровения от Бога. Я сразу поинтересовался: "Ты уверен? Ведь тебе всего 16 лет". Парень ответил, что Бог сказал ему это, а потом его друзья пророчески подтвердили это откровение. Я поинтересовался, сколько лет было его друзьям-пророкам. Оказалось, что те ребята были еще моложе. Итак, я высадил его у дома и задумался. Мне нужно было срочно быть более духовным!

В следующую среду я заметил, что этот подросток разговаривал со своей сверстницей, блондинкой. Дело в том, что раньше этот парень был очень робок в общении и в течение двух месяцев ни с кем после служения не общался, кроме меня. Тот факт, что он вдруг заговорил с девушкой, был чем-то из ряда вон выходящим. На следующей неделе после служения я снова обратил на него внимание. Он снова разговаривал с той же девушкой. Затем я видел их беседующими снова и снова. В то время наша молодежная группа была небольшой, поэтому мне было легко замечать все, что происходило. Однажды после служения я подошел к той девушке и спросил, как она поживает. Я упомянул, что заметил, как она каждый раз общается с тем парнем. Мне хотелось убедиться, что все в порядке. Вдруг девушка расплакалась! Она начала рассказывать, что тот человек ей прохода не дает и уверяет, что Бог открыл ему, что она будет его женой. Сначала мне показалось, что это были слезы счастья. Однако, задав пару вопросов, я понял, что последние два месяца этот парень ходил за ней по пятам и буквально преследовал ее в церкви, на работе и в школе. Она считала его нахалом и занудой, и даже начала опасаться. Разве можно ее винить за это? Я попросил девушку не переживать и позволить мне разобраться с этой ситуацией. Девушка согласилась и сказала, что, если приставания не прекратятся, она намерена обратиться в полицию.

Буквально через несколько минут после разговора этот парень подошел ко мне и снова попросил подвезти его домой. Я предложил ему встретиться в моем офисе в церкви. Забегая наперед, хочу сказать: то, как я разобрался с ситуацией, было неправильно и незрело с моей стороны. Когда парень вошел в комнату, я запер за ним двери и буквально обрушился на него. В тот момент Я БЫЛ ЗОЛ! Я был пастором и чувствовал ответственность за своих овец, особенно когда дело касалось защиты молодых девушек от того, чтобы ими воспользовались. В этом подростке, по крайней мере в тот момент, я видел волка, который терроризировал беззащитную овечку из нашей молодежной группы. Я решил применить его методы на нем самом и отплатить ему той же монетой. Я сразу наехал на него, начав с того, что у него страшное лицо, некрасивая внешность, что никогда у него не будет шанса ни с одной симпатичной девушкой. Я заявил, что у него огромная проблема с похотью, из-за которой он слышит голоса и преследует невинных девушек-христианок; мало того, он манипулирует ими, произнося имя Господа всуе: "Ты преследуешь эту девушку, говоря ей будто от имени Бога, что она будет твоей женой. Она только покаялась и думает, что сказать "нет" тебе означает сказать "нет" Богу. Ты запутал ее своими словами и загнал в угол!" Во мне все кипело. Далее я стал угрожать ему, что, если он снова приблизится к ней, я позову братьев, которые покаялись, но не совсем освятились, поэтому могут где-нибудь на парковке набить морду кому угодно. Потом я заверил, что знаю, где он живет, и если он продолжит преследовать эту девчонку, я с братьями найду его и тогда ему мало не покажется. Затем добавил, что сегодня вечером он пойдет домой пешком!

Как я уже сказал, моя речь и реакция были не христоподобными. Оглядываясь назад, я понимаю, что мне следовало быть менее критичным и помочь ему освободиться и обновить свой разум. Этот парень больше никогда не преследовал эту девушку, как и никогда больше не приходил на нашу молодежку. Вместо этого он стал посещать другую молодежную группу.

* * *

И привел ее к человеку

"И создал Господь Бог из ребра, взятого у человека, жену, и привел ее к человеку. И сказал человек: вот, это кость от костей моих и плоть от плоти моей; она будет называться женою, ибо взята от мужа" (Бытие 2:22-23).

Обратите внимание, что Бог не подвел к Адаму женщину со словами: "Это твоя жена". Нет, Бог аккуратно представил ее ему. От увиденной красоты изумленный Адам воскликнул: "ОГО! ВОТ ЭТО ДА!" Адам смотрел на Еву и бормотал всем знакомую фразу: "Это кость от костей моих и плоть от плоти моей". Ева начала краснеть и ОПА! Они влюбились и поженились. Нигде в книге Бытие мы не видим, чтобы Бог представил жену Адаму. Он представил женщину, а Адам взял ее в жены. Конечно, тогда все было легче. Во-первых, других вариантов вокруг не ходило. Во-вторых, все было без прикрытия, и женщина предстала пред ним без фильтров, такой, как была создана! Тысячи лет спустя многое изменилось. Однако

Божий принцип остается тем же: Бог представляет – мы выбираем.

В случае с Иосифом и Марией понадобилось явление ангела, который уверил его не бояться брать в жены Марию. Это был особый случай, Мария была беременна не от Иосифа, при этом говорила, что зачала от Святого Духа. Представьте, как нелепо это звучало. Вот почему понадобилось вмешательство ангела, чтобы помочь Иосифу поверить и принять Марию. Есть люди, которые ждут от Бога сверхъестественное подтверждение: сон, ангела или хотя бы пророческое слово, чтобы жениться. В этом нет ничего плохого, однако большинство людей так и не получают никаких духовных знамений, и, честно говоря, в них нет необходимости.

* * *

Знамение свыше

Я тоже имел такое понимание и хотел получить сверхъестественный знак от Бога, который укажет мне, на ком жениться. Многие романтические истории, которые я слышал с детства, имели такого рода подтверждения, поэтому подогревали мое желание. Я был служителем, и подобный опыт пригодился бы мне по нескольким причинам.

Бог предлагает – мы выбираем

Только теперь я понимаю, что причины и мотивы были неправильными.

Причиной номер один было то, что я хотел иметь классную сверхъестественную романтическую историю, которая поможет мне в проповедях производить впечатление своей духовностью. Я абсолютно честен с вами. Мне нравилась Лана, более того, я полюбил ее. Мы были совместимы по всем Божьим принципам. В своем сердце я видел зеленый свет, но хотел иметь знамение свыше от Бога лично, чтобы удостовериться. Я так ждал ангела с вестью или пророческое слово, ну или хотя бы сон, подтверждающий мое решение, но это все не происходило.

Причина номер два. Я думал, что, если Сам Бог откроет мне, что Лана подходит мне и является той единственной — наш брак будет сказочно-счастливым, как рай на земле. Другими словами, я верил, что у нас будет такая совместимость, что мне не нужно будет меняться и работать над своим характером и недостатками. Я верил, что если Бог пошлет мне знамение, наш союз будет лишен каких-либо проблем. Позже я осознал, что подобных браков не существует. Да, ваш союз запечатлен небесами, однако небо также посылает на землю гром и молнии. Поэтому, независимо от того, с кем вы свяжете свою судьбу (но только в

Господе), будут столкновения и вам придется меняться. Счастливый брак всегда будет требовать внимания, усилий и труда над ним. Не всегда будет легко и естественно любить свою жену, как Христос возлюбил церковь, или подчиняться своему мужу, как Господу. Вы не сможете делать этого без помощи Духа Святого.

> Я не верю, что Бог дает человеку один шанс из миллиона найти себе единственную пару, которая подходит для счастливого брака.

Тот факт, что вы встретили подходящего для вас человека, не исключает реальности, что вам нужно будет работать над собой и своим характером. Если в вашей жизни будут проявляться плоды Духа Святого, то ваш брак будет счастливым практически с любым человеком, если, конечно, он или она тоже во Христе. Я не верю, что Бог играет в какую-то лотерею, из миллиона давая человеку один шанс найти себе единственную пару, которая подходит для счастливого брака. Для счастливого союза вам придется меняться. К сожалению, некоторые, столкнувшись с трудностями в браке, предпочитают поменять супругов вместо того, чтобы меняться самим.

Третья причина, почему я так нуждался в знамении, заключалась в том, что я был не уверен и нерешителен. Я боялся делать выбор, поэтому хотел, чтобы Бог сделал этот выбор за меня.

> Для счастливого союза вам придется меняться.

В основе лежал мой страх и незрелость. Я понимал, что данное решение на всю жизнь, до самой смерти. Для меня это было очень серьезно. Я надеялся, что мои родители, пастор или пророк примут это решение за меня. Тогда, если что-то пойдет не так, мне было бы кого винить, вместо того, чтобы взять на себя ответственность за свой выбор.

Я был молодым парнем, которому нужно было стать мужчиной. Мужчинами не рождаются, мужчинами становятся, это вопрос выбора. Это и есть часть процесса взросления, когда ты становишься зрелым, способным брать ответственность и принимать решения. Я нес определённую ответственность за церковь и служение, любил Господа, но в вопросах брака я был все еще "зеленым". И именно в этой сфере мне нужно было повзрослеть.

> Мужчинами не рождаются, ими становятся, это вопрос выбора.

Когда нужно было принимать решение, я настолько колебался, что мне порой казалось, в этой сфере у меня есть какое-то проклятие.

Я заметил повторяющуюся последовательность: в возрасте 20-ти лет я уже встречался с хорошей девушкой из нашей церкви, но расставался с ней и не один раз, а дважды. Познакомившись с Ланой, я расстался с ней на следующий же день после первого свидания. Только к 24 годам я начал понимать, что разрушать нужно не проклятие, а мою нерешительность. Я просто трусил. Не Бог должен был менять это во мне, а я сам. Данная ситуация требовала не чуда от Бога, а зрелости от меня.

* * *

Озарение в магазине одежды

Все это время я усиленно ждал знамения от Бога, а Бог ждал, когда я приму решение. В один прекрасный день я выбирал какие-то вещи в магазине одежды. В одном из отделов я встретил старого школьного друга, с которым давно не виделся. Мы обменялись приветствиями, и я заметил, что с ним был совсем маленький ребенок. Я предположил, что это его младший брат, но все-таки поинтересовался, кто это с ним. Как же я удивился, когда услышал: "Это мой сын. Я женат, и у нас недавно родился ребенок". Конечно, я сразу поздравил его. Этот парень тоже был верующим, поэтому я спросил его, как он познакомился со своей женой. Ответ был немного неожиданным. Мой друг стал рассказывать, что они посещали одну и ту же церковь и были знакомы какое-то время. Девушка ему нравилась, но они никогда не проводили время вместе и не ходили на свидания. Однажды вместе с группой из церкви они отправились в миссионерскую поездку, там он просто влюбился в нее. Миссионерская поездка длилась 7 дней. Мой друг объяснил, что в той поездке увидел в ней такие качества, которые хотел бы иметь в своей жене. Находясь еще в аэропорту на обратном пути домой, он сделал ей предложение. И тут я обрушился со множеством вопросов, таких как: "Не было ли это слишком быстро? Где ты взял кольцо? Вы даже ни разу не ходили на свидание?" Его ответ был простым: "Я ее полюбил. Она мне понравилась. Она была верующей. Поэтому я нашел нитку, которую надел ей на палец, а позже купил кольцо. Теперь, когда мы женаты, мы наверстываем все упущенные свидания!" Я спросил его насчет знамения от Бога, получал ли он сверхъестественное подтверждение, что она была той единственной. Он ответил: "Она была верующей, я знал ее, она мне нравилась. Этого было достаточно".

"Какая странная история", — подумал я. — "Этот парень сошел с ума, он ненормальный, совсем голову потерял. Кто так делает?" С другой стороны, в своем сердце я слышал тихий голос, который говорил мне: *"Влад, чего ты ждешь? У тебя есть все необходимые подтверждения"*.

Она верующая? — Да!
Ее качества характера тебе нравятся? — Да!
Ты готов жениться? – Да!
Есть ли в твоем сердце мир по поводу ваших отношений? — Да!
Одобряют ли ваш союз наставники? — Да!
Тебя влечет к ней постоянно? — Еще и как! Да!

Прямо там меня озарило, что мне не нужно ждать сверхъестественных знамений с небес. Мне нужно было стать мужчиной и сделать решительный шаг. Господь привел Лану в мою жизнь, сделать выбор нужно было мне. Я поблагодарил старого друга за его историю и сказал, что он даже представляет, насколько эта встреча помогла мне. В тот же день я позвонил в ювелирный магазин в Портленде, городе, где жила Лана, и спросил их, как быстро они смогут подготовить кольцо. Они знали кто я, потому что однажды я посетил их магазин и на всякий случай выбрал кольцо, которое, я был уверен, понравилось бы Лане.

Все было готово, только я сам нервничал. Я сказал Лане, что приеду навестить ее в субботу, чтобы провести время вместе. После этого я позвонил на работу ее менеджеру и спросил, могу ли я сделать ей предложение прямо на ее рабочем месте – на складе большого магазина, перед всеми ее коллегами. Я хотел, чтобы это было совершенно неожиданным сюрпризом. Также заранее я договорился с ее сестрой, и она тайно украсила их дом для празднования после предложения. Мой брат спрятался в проходе с камерой, чтобы заснять этот момент. Менеджер сделал объявление по громкой связи, чтобы все сотрудники собрались и чтобы Лана вышла вперед. А там стоял я на одном колене. Лана совершенно не ожидала этого. И нет, она не была одета по-праздничному, так, как одеваются для таких случаев, но это не имело значения, ей это все равно очень понравилось. Теперь, девять лет спустя, оглядываясь назад, я знаю, что принял правильное решение. Я рад, что не стал ждать, пока Бог примет это решение за меня. Я верю, что Бог предоставляет, а мы принимаем решение.

* * *

Бог сказал мне...

Конечно, я верю, что Бог говорит людям и сегодня. Мы должны слышать Его голос и быть водимы

Духом Святым. Но тема брака не должна быть настолько супердуховной. Когда я только начинал проповедовать, то любил вставлять фразу: "Бог сказал мне" на каждое откровение из Библии. Мой пастор стал поправлять меня, чтобы убрать это высказывание из моих проповедей. Он буквально отучал меня говорить: "Бог сказал мне…", "так говорит Господь…", потому что я не был пророком и не нужно было ставить печать на каждом откровении. Он учил меня заменять хотя бы так: "Я чувствую, что Бог сейчас говорит…". Мой пастор спокойно объяснял, что лучше, когда люди сами подтвердят: "Бог говорил к нам через эту проповедь". Пастор объяснял, что если ты постоянно используешь фразу: "Бог сказал мне", ты ставишь напоказ свое хождение с Богом, чтобы в глазах людей твои проповеди и слова имели больший вес. Это лишнее. Честно говоря, он был прав!

То же самое относится и к решению о вступлении в брак. Я верю в водительство Духа Святого посредством мира в сердце. Я верю Его тихому, мягкому голосу, которым Он направляет нас. Я верю, что временами Бог говорит явно, через сон, видение, через пророчество или слово знания — это очень здорово. Все эти духовные дары важны и нужны в наших церквях. Однако принимать решения нужно будет самостоятельно, независимо от того, сколько подтверждений с небес вы получите или не получите. Сверхъестественные знамения не сделают брачный союз идеальным, как по взмаху волшебной палочки. Для хороших отношений придется прикладывать усилия и работать над собой.

Как пастор, я также советую не начинать знакомство со слов: "Бог сказал мне, что ты будешь моим мужем или женой". Даже если вы получили такое откровение от Бога, не говорите это сразу другому человеку. Какое-то время держите такое откровение при себе. Когда вы делаете ход конем: "Бог сказал мне…", вы не даете свободный выбор другому человеку. Он или она начнут переживать, что, сказав вам "нет", они скажут "нет" Богу. Пусть человек скажет вам "да", потому что полюбит вас, полюбит ваш характер, испытает к вам влечение, а не потому, что будет бояться гореть в аду за непослушание Богу. Бывает люди основываются только на своих чувствах, при этом игнорируют факты, а также игнорируют чувства другого человека. Господь каждому дает выбор; выбирайте то, что подходит вам больше всего.

Я знаю некоторых людей, которые верили, что получили откровение от Бога, что определенный человек будет их супругом. В течение многих лет они ждали и держались этого слова, даже хранили пророческие подтверждения. Однако на сегодняшний день те люди, которые им нравились, уже вступили в брак с другими и даже родили и воспитывают детей. Что же случилось с их "Бог сказал мне"? Все просто: они услышали то, что хотели услышать — вот и все. Я не хочу, чтобы вы сомневались в голосе Бога. Но поймите, не все, что вы слышите в своей голове, — это Божий голос. Вот почему у нас есть наставники и родители, которые помогают нам различать голоса. А голова нам дана не только, чтобы шапку носить, но думать, видеть, анализировать факты.

Итак, повстречав Еву, Адам сразу же решил жениться. Период их свиданий был очень коротким, если вообще был. Потом состоялся первый брачный союз. В заключительной главе мы рассмотрим наставления, которые Бог дал первой паре на земле в день их свадьбы.

8

Совет на миллион

Хочу поделиться забавной историей одной супружеской пары. Муж и жена поссорились и решили показать свое недовольство друг другом, перестав разговаривать. В это же время муж вспомнил, что утром ему нужно было улетать на деловую встречу. Не желая первым нарушить молчание, он написал жене записку: "Пожалуйста, разбуди меня в 5 утра" и оставил её там, где жена точно заметит. Следующим утром, проснувшись как обычно в 9 часов, он осознал, что давно опоздал на свой рейс. Мужчина разозлился и собрался пойти узнать, почему жена не разбудила его вовремя.

Вдруг он заметил другую записку, лежащую рядом с ним: "Просыпайся, уже 5 утра".

Семейный союз — это древнейший институт на земле, созданный Богом. Брак является строительной ячейкой общества, это ключевой элемент здоровой организации, церкви, государства, нации, общества и культуры. Если вы хоть немного интересовались историей, то знаете, что там, где институт брака и семьи был крепким, были сильными государства и страны. Верно и обратное: везде, где браки и семьи были слабыми, государства и страны приходили в упадок.

Вторая причина создания брака — это формирование более глубокой связи между мужчиной и женщиной. Хочу заметить, что супружество — это Божий план, а не традиция, от которой можно избавиться. Бог создал брачный союз тогда, когда создал тебя, меня и все человечество.

Третьей причиной создания семейного союза является размножение рода человеческого. Господь определил посредством союза женщины и мужчины населить планету. За тысячелетия миллиарды людей появились на свет благодаря брачным отношениям мужчины и женщины. Бог хотел, чтобы каждый человек появился на свет в семье через интимные брачные отношения.

Четвертая причина создания брака — это безопасность и защита детей. Мы все знаем, что дети вырастают более эмоционально здоровыми, уверенными и успешными тогда, когда воспитываются в здоровых и полноценных семьях, с мамой и папой.

Пятой причиной создания брака служит усовершенствование нашего характера и личности. Именно в близких отношениях мы учимся по-настоящему любить и не быть эгоистичными. Чтобы стать счастливыми в браке, вам придется изменяться и постоянно освящаться. Никакие другие отношения не окажут такого влияния на вашу личность, как брачные отношения. Вы прежде всего осознаете, что вы не центр Вселенной, Земля вертится не вокруг вас и ваших интересов. В этот период начнет приходить зрелость.

> Чтобы стать счастливыми в браке, вам придется изменяться и постоянно освящаться.

Наконец, брак был создан Богом для того, чтобы стать прообразом нашего союза со Христом. Супружество является отображением, метафорой, символом. Это живой пример того, как сильно Бог возлюбил нас и какими глубокими и близкими должны быть отношения с Богом. Итак, брачный союз — это таинство и глубочайшая библейская истина.

* * *

Первая свадебная церемония

"Потому оставит человек отца своего и мать свою и прилепится к жене своей; и будут двое одна плоть" (Бытие 2:24).

Первое бракосочетание в истории человечества провел Сам Бог. Он произнес над молодыми фразу, которая раскрывает тайну счастливого брака. Я верю, что это наставление было предназначено не только для Адама и Евы, но для всех будущих поколений. Только задумаетесь, ведь утверждение о том, что человек должен оставить своих отца и мать, на самом деле даже не относилось к Адаму — у него не было ни отца, ни матери, чтобы отделиться от них, - поэтому данное наставление о браке относилось ко всем следующим поколениям семей, то есть к нам с вами.

Прежде всего в центре успешного брака должно быть Божье присутствие. Представьте себе треугольник, в котором Божье присутствие представляет верхнюю точку, а муж и жена это две нижние точки треугольника. Обратите внимание на боковые стороны треугольника: чем больше оба человека приближаются к Божьему присутствию, тем ближе они становятся друг ко другу.

Присутствие Бога — это не единственное, что поможет вашему браку стать счастливым. Обратите внимание на то, что Адам и Ева находились в присутствии Бога, когда Он открыл им Свои принципы. Да-да, именно Божье присутствие и Его принципы необходимы для того, чтобы брак стал счастливым, таким, каким его задумал Творец. Когда люди несчастны в браке, они думают, что посещение церкви и молитвы Богу решат все их проблемы. Да, присутствие Божье действительно помогает улучшить атмосферу в отношениях, но гармонию и полноту в отношениях мужа и жены принесет соблюдение Божественных принципов. Присутствие Бога принесет мир, а соблюдение принципов — процветание в браке. Прежде, чем вы соедините себя в супружестве, вам нужно понять основные принципы брачного союза, изложенные в книге Бытия. И хотя первая книга Библии не является сводом правил о браке, в ней содержатся важные истины, касающиеся брака,

> Присутствие Бога принесет мир, а соблюдение принципов — процветание в браке.

многие из них мы уже рассмотрели в предыдущих главах этой книги.

* * *

Принцип отлепления

Потому оставит человек отца своего и мать свою...

Прежде чем мы рассмотрим этот важный принцип "отлепления" от родителей, я хочу поделиться секретом, который противоречит культуре нашего общества. *Вам следует жить с родителями до тех пор, пока вы не женитесь или не выйдете замуж.* Сейчас многие из вас возмутятся, (особенно если вы поколение "Миллениум"), но об этом нам говорит Библия. Многие считают, что Библия устарела, поэтому неактуальна, но солнце тоже не вчера появилось и устарело, тем не менее, оно очень горячее, без него нам никак, оно и актуально, и крайне необходимо. Божьи принципы также актуальны и сегодня. Я жил с родителями, пока не женился. И да, некоторые посмеивались надо мной, потому что я был молодежным пастором и все еще жил со своими родителями. У меня уже был свой собственный дом, но я продолжал жить с

> Многие считают, что Библия устарела, поэтому неактуальна, но солнце тоже устарело, но оно остается горячим.

родителями. Вы тоже можете задаться вопросом, почему? Потому что Библия говорит *оставить своих отца и мать, когда тебе есть к кому прилепиться, а не когда тебе исполнится восемнадцать*. Возможно, вам не нравится то, что вы сейчас читаете, это противоречит современным тенденциям, но я сейчас объясню вам эту Божью мудрость.

Когда вы продолжаете жить с родителями, вы развиваете в себе жизненные навыки, например, как экономить, учиться обговаривать проблемы, решать конфликты, устранять трения в отношениях с близкими людьми. Какая польза в том, чтобы уехать из родительского дома в восемнадцать лет, живя от зарплаты до зарплаты, только чтобы доказать своим друзьям, у которых тоже ни гроша за душой, что вы независимы? Я видел много подобных случаев. К тому же многие ребята, создав свои семьи, в итоге возвращались жить к родителям, потому что не могли финансово обеспечить семью и оплачивать счета. Это полностью противоречит принципу, который написан в книге Бытия. Поэтому оставайтесь со своими родителями, пока не вступите в брак,

> Не оставляйте своих отца и мать, пока не появится к кому прилепляться.

помогайте им по дому, копите деньги и развивайте с ними хорошие отношения.

Я понимаю, что есть исключения. В некоторых случаях жить вместе нет возможности. Моя жена жила отдельно от родителей в течение нескольких лет, прежде чем мы поженились, потому что ее родители жили в субсидированной квартире и помощь финансировалась государством, по условиям договора в квартире не могли проживать совершеннолетние дети. Иногда в семьях могут быть неблагоприятные обстоятельства, тогда безопаснее съехать или уехать учиться. Это исключения, но Божьи принципы в том, чтобы не покидать дом своих родителей до тех пор, пока у вас не будет к кому прилепиться. И соблюдать этот принцип нужно не только ради себя, но и ради своих родителей.

Для молодых же семей принцип отлепления должен стать приоритетом. Этот принцип говорит сам за себя: вы оставляете дом родителей, если вы женитесь. Просто и однозначно. Современное общество перевернуло все с ног на голову: после окончания школы многие молодые люди съезжают с дома родителей, а затем после свадьбы снова возвращаются жить к родителям. Я ни в коем случае не осуждаю никого, а только подчеркиваю, что Бог заповедал с самого начала.

В повелении "сначала отлепиться, а потом прилепиться" более глубокий смысл, чем уйти из родительского дома и не позволять своим родителям контролировать ваш брак. На самом деле тут говорится не только о родительском доме. Вы не сможете прилипнуть к своему супругу, пока не оставите определенные вещи. Представьте, даже Иисусу пришлось покинуть небеса и славу их, чтобы прилепиться к Своей невесте, Церкви. Израилю пришлось покинуть Египет, чтобы прилепиться к Земле обетованной. И этот принцип мы наблюдаем во многих историях Библии.

> Вы не сможете прилипнуть к своему супругу, пока не оставите определенные вещи. Представьте, даже Иисусу пришлось покинуть небеса и славу их, чтобы прилепиться к Своей невесте, Церкви.

Жить отдельно от родителей — это то, с чего все начинается, но на этом не заканчивается. После вступления в брак вы должны также оставить свой холостяцкий образ жизни. На второй план должны уйти некоторые привычки, хобби и даже друзья, чтобы ваши брачные отношения смогли укорениться и процветать. Брак не будет успешным, если супружеские отношения не станут для вас приоритетом. Также вы не сможете поставить их в приоритет, если не оставите определенные вещи и привычки. Многие люди после свадьбы начинают изменять своему браку с работой, бизнесом, хобби, при этом удивляются, почему отношения рушатся. Работа, родители, семья, друзья, хобби и даже служение должны занимать свое надлежащее место, но ни в коем случае не должны быть превыше брака. Просто помните, что вы не можете пожинать плоды счастливых брачных отношений, ведя образ жизни свободного холостого человека. Чтобы получать благословения от супружества придется жертвовать некоторыми привычками и привилегиями холостого человека. Многие браки страдают из-за того, что супруги привязаны к вещам из своей холостяцкой жизни и в то же самое время пытаются получать благословения в браке. Располагать тем и другим не получится. Бог ясно повелел нам оставить определенные вещи, или отлепиться, чтобы прилепиться друг ко другу в браке. В данном случае Бог не говорил только о плохих вещах, но и о хороших тоже. Ведь то, что может являться благословением в период холостой жизни, может стать бременем в период брака.

Важно также отметить, что инициатором отлепления должен стать мужчина, а не женщина. Это не означает, что женщина не должна отлепиться от своих родителей и привычек, это лишь значит, что мужчина должен быть лидером в этом плане и первым проявить инициативу. Мужчина поставлен быть лидером в доме, он должен подавать пример. Парни, когда вы женитесь, сделайте брачные отношения приоритетом, оставив позади определенные вещи. Иисус покинул небеса и Своего Отца, чтобы приобрести Невесту. В ответ на это Невеста Иисуса оставила грехи, сатану и все мирское, чтобы последовать за Женихом. Вы должны сделать то же самое для своей невесты, и она последует вашему примеру.

* * *

Принцип прилепления

… и прилепится к жене своей.

Итак, в день сочетания первого человека Бог повелел мужчине отлепиться от своих родителей и прилепиться к своей жене. Отлепиться — это очень важно, но секрет гармонии в браке заложен именно в прилеплении. Прилепление потребует немало усилий. Бог предназначил браку быть местом пламенной любви и страсти. Так же и наши отношения с Богом должны быть горячими

> Страсть в браке — это результат стремлений и труда.

и живыми, а не теплыми. Страсть в браке — это результат стремлений и труда.

А кто должен инициировать отношения? Библия ясно говорит, что человек, то есть мужчина, должен отлепиться и прилепиться. Нигде не сказано, чтобы женщина добивалась мужчины и была инициатором отношений. Парень начинает ухаживание, а девушка отвечает на его внимание. Иисус был инициатором, Он начал "завоевывать" Церковь. Он пришел в этот мир, чтобы найти нас. Он окружил нас Своей любовью; мы просто ответили на Его любовь. Иисус — образец для каждого человека. Итак, девушки, не завоевывайте мужчину, позвольте ему завоевывать вас.

> Девушки, не завоевывайте мужчину, позвольте ему завоевывать вас.

Большинство мужчин будут добиваться той, которая действительно им нравится. Девушки, если вы видите, что парень не проявляет инициативу, не увлечен, то он, вероятно, не для вас. Не добивайтесь его и не манипулируйте им. Не давите на него и не принуждайте к отношениям;

> Не играйте в любовь, иначе вы окажетесь в отношениях с человеком, с которым играли.

в противном случае вы так и будете всю свою жизнь бегать за ним и добиваться его внимания. Поверьте, вы достойны большего, достойны, чтобы за вами ухаживали и добивались. Многие девушки не чувствуют себя любимыми, если парень не добивается их, не проявляет особых знаков внимания. И еще один совет девушкам: не поддавайтесь ухаживанию мужчины, если у вас нет желания быть с ним. Не играйте в любовь, иначе вы окажетесь в отношениях с человеком, с которым играли. Будьте честны и с собой, и с ним.

Что делать, если парень пассивный, но вы ему нравитесь? Иногда нет ничего плохого в том, чтобы "расшевелить" его. Хочу заметить, это не самая лучшая тактика. Однако существует немало историй, когда девушки тонко инициировали события и парень "просыпался", и начинал добиваться ее. В истории Руфи, например, свекровь посоветовала ей однажды проявить инициативу. Руфь красиво оделась и появилась ночью на гумне Вооза. Она прямо сказала ему: "Ты имеешь право выкупить собственность моего мужа и взять меня в жены". Это довольно смело, но это сработало, чтобы помочь Воозу включится на полную катушку. Чего Руфь не делала, так это не стала отчаянно выслеживать его по всему городу, пытаясь уговорить взять ее в жены. Проблема возникает тогда, когда девушка настойчиво ухаживает за парнем, но он не испытывает к ней никаких чувств. Девушки, вы можете инициировать отношения, но не посвящайте себя тому, чтобы гоняться за мужчиной и добиться его. В самом начале Бог заложил этот принцип, что мужчина должен прилепиться к женщине, а не наоборот. Иисус продемонстрировал эту истину. Не мы искали Бога, а Он искал нас. И еще, парни, если девушка говорит "нет", это значит "нет"! Оставьте ее в покое, не давите на нее и не настаивайте. Иисус никого не заставляет идти на небеса. Вы не должны заставлять человека любить вас взаимно. Если вы не нравитесь девушке и она не хочет быть с вами, постарайтесь не принимать это близко к сердцу. Отпустите её и двигайтесь дальше. Хотя я знаю истории, когда мужчины ждали годами, чтобы их избранницы ответили взаимностью. В конце концов, много лет спустя у девушек появлялись к ним чувства, и они вступали в брак. Если у вас есть такое терпение и выдержка, то можете это делать, но подобный исход не гарантирован каждому человеку.

> Когда вы только встречаетесь, ваше желание ухаживать естественно. Когда вы женитесь, стремление ухаживать должно исходить от вашего выбора.

Также в этом стихе из книги Бытие ясно

сказано, что человек должен прилепиться к своей жене, не к своей девушке. Это означает, что в браке мужчина должен продолжать ухаживать за своей возлюбленной. Ухаживание за своей девушкой во время свиданий вполне естественно для большинства парней, но после свадьбы это становится вызовом, так как сложнее ухаживать за женой, это потребует от вас зрелости и целеустремленности. Когда вы только встречаетесь, это период эйфории, ваше желание ухаживать естественно, оно возбуждается функциями мозга, биохимией и гормонами человека. Когда вы женитесь, стремление ухаживать должно подпитываться вашим выбором.

В период свиданий чувства будут влиять на выбор, но когда вы женитесь, ваш выбор что-то делать или не делать будет влиять на ваши чувства. Вы выбираете ухаживать не потому, что вам этого хочется, а потому, что так правильно и необходимо. В конце концов чувства последуют за вашими действиями. Я считаю, что одна из причин, почему многие браки распадаются, — это потеря страсти и влечения друг к другу. Все становится обыденным, механическим, предсказуемым и превращается в рутину. С годами у многих пар пламя страсти, свидания, флирт, поцелуи, объятия и сексуальная близость становятся редкими. Супруги начинают добиваться образования, работы, бизнеса, воспитания детей, оплаты счетов и хобби. Большинство мужчин руководствуются целями: они женятся, чувствуют, что достигли какой-то цели, поэтому переходят к следующей цели, которая обычно заключается в том, чтобы добиться успеха в работе. Но Бог сказал, чтобы мужья стремились к своим женам, прилеплялись к ним. Это означает, что наша задача, как мужчин, не выполнена, как только мы женились; она только началась. Настоящий мужчина будет продолжать ухаживать за своей женой, завоевывая ее сердце, а человек незрелый добивается женщины только до тех пор, пока не женится на ней.

Горячая любовь в браке подобна огню в камине. Пламя будет гореть до тех пор, пока вы будете подкидывать дрова. Дрова — это ваш выбор и ваши действия, а не ваши чувства. Дарить цветы, открытки, открывать двери, держать супругу за руку, раз в неделю приглашать ее на свидание, на кофе, на прогулку, оставлять милые записки, делать что-то приятное для нее, оказывать знаки внимания, общаться на ее языке любви — все это заставляет женщину чувствовать себя молодой, красивой, любимой, желанной, и тогда от этого она оживает. Это как с цветком: если его поливать и удобрять, он будет цвести. Кто-то однажды сказал мне, что оценка моей роли как мужа определяется счастьем моей жены. Я понимаю, что это не применимо к каждой ситуации и семье, но в большинстве случаев это правда. За каждой несчастной в браке женой стоит ленивый муж. Я не сказал плохой муж, а ленивый - тот, кто перестал повиноваться Божьим указаниям добиваться своей жены и прилепляться к ней. Вы можете сказать: "Ну а как насчет того, что женщина должна почитать своего мужа?" Это правда, и я верю, что легче почитать человека, который глубоко тебя любит. Причина, почему многие христиане не боятся преследований за веру, даже когда им грозит смерть, заключается в том, что они познали любовь Иисуса, которую Он радикально продемонстрировал нам на деле, а не только на словах.

> За каждой несчастной в браке женой стоит ленивый муж.

* * *

Стать одной плотью

... и станут они одной плотью.

На свадебной церемонии Адама и Евы Бог изложил три принципа брака: первый принцип —

это приоритет брачных отношений, когда вы оставляете родителей, второй - прилепление и стремление друг к другу, а третий принцип – процесс становления одним, когда двое становятся одной плотью.

Большинство пар вступают в брак, думая, что их отношения станут успешными, если им удастся сделать своего супруга подобным себе. Дело в том, что чаще всего люди соединяют свою судьбу с кем-то, кто является их противоположностью. До брака противоположные качества буквально притягивают людей друг к другу, а в семейной жизни они чаще атакуют друг друга. Сейчас поясню на своем примере: когда дело касалось денег, я был склонен больше экономить и накапливать. Лане больше нравилось тратить деньги на разные вещи, чем копить их. Для меня деньги — это надежность и уверенность, которую я хотел иметь; для нее — средство достижения комфорта и удовольствия. В начале брака у нас были трудности, потому что в вопросе финансов я хотел сделать ее похожей на себя и Дейва Рэмси. Лана расстраивалась, я злился на нее. Например, было так: идя в магазин,

> До брака противоположные качества притягивают друг к другу, а в семейной жизни атакуют друг друга.

я сначала проверял цену, а затем решал, покупать мне вещь или нет. Это приводило к тому, что я всегда покупал дешевые вещи, которые не служили долго, в связи с чем приходилось снова и снова что-то покупать. Моя жена выбирала качественные вещи, которые ей нравились и только дома проверяла их цену. (Ладно, наверное, я немного преувеличиваю, но вы поняли суть.) Успех в браке, как я узнал позже, заключался не в том, чтобы сделать ее скрягой, и не в том, чтобы она сделала меня транжирой, но в том, чтобы мы оба стали немного больше похожими друг на друга, то есть единым целым.

Это похоже на езду по шоссе с тремя полосами движения. Вы едете с максимальной скоростью в крайней левой полосе, а ваша супруга - в крайней правой линии. Стать одной плотью — это не значит убедить ее или его ехать в вашей полосе, но встретиться на средней скорости в средней полосе. Быть одной плотью — это не победа одной стороны и поражение другой, это умение приходить к согласию. Лес и Лесли Пэрот - христианские авторы многих бестселлеров по семейным отношениям, а также широко известные семейные терапевты - однажды сказали: "Успех брака заключается не в том, чтобы найти подходящего человека, а в умении обоих партнеров приспособиться к тому, с кем они в действительности оказались в браке". Стать одним целым — это способность адаптироваться и приспосабливаться к супругу. Это процесс. Чтобы этот процесс происходил без затруднений, необходимы три составляющие: посвящение друг другу, общение друг с другом и… конфликты.

Если в браке вы действительно хотите стать одной плотью, вы должны быть преданы и посвящены друг другу. Примите свой брак как постоянный и нерушимый союз, тогда на трудности и проблемы вы будете смотреть как на временные явления, которые нужно решить. Однако если вы станете допускать мысль, что брак может быть временным явлением, ваши проблемы станут постоянными. Некоторые пары вступают в брак с запасным планом в кармане: если что-то пойдет не так - всегда можно развестись. К сожалению, они так вырастали и видели подобную тенденцию в своих семьях. Для многих семей развод был решением проблем в браке. Таким людям нужно обратить особое внимание на принцип посвящения. Советую вам удалить из своего мышления ассоциацию, что развод - это способ решения конфликтов. Это не означает, что

> Примите свой брак постоянным, тогда трудности в браке вы будете видеть временными.

развод абсолютно запрещен, он предполагается в случаях супружеской неверности, насилия или жестокого обращения. Однако, если во время конфликтов развод постоянно рассматривается как опция, брак не может восстановиться и процветать.

Один из способов сделать ваш брак постоянным — это отказаться от идеи развода как варианта решения проблем.

Кроме того, гоните мысль, что совершили ошибку, женившись друг на друге.

Наконец, не используйте слово "развод", чтобы пригрозить или манипулировать друг другом при споре, чтобы одержать верх.

Брак — это завет, а не контракт. Контракт — это соглашение между двумя людьми, в котором прописываются их права, защищаются их интересы, а также распределяются их обязанности. Завет — это безоговорочная капитуляция своего "я" и посвящение своей жизни, своих прав и интересов партнеру в завете. Завет увеличивает вашу ответственность и защищает интересы вашего супруга/супруги. Вы не сможете стать одной плотью, если не станете рассматривать брак как завет. Брачный завет требует посвящения. Поверьте, именно посвящение поможет вам избавиться от мысли: "Я совершил ошибку". Впрочем, подобные мысли могут посещать вас, когда будут трудности. Однако именно посвящение и преданность помогут вам вычеркнуть слово "развод" из своего словарного запаса. Если вы рассматриваете брак как контракт со сроком годности, допускаете негативные мысли, говорите плохие слова о супруге, то диавол будет использовать все это как открытую дверь, чтобы разрушить ваши отношения. Посвящение — это основание того, чтобы стать единым целым.

Следующий шаг — это общение и коммуникация. Общение и разговоры друг с другом — это источник жизненной силы в брачных отношениях. Без этого вы не сможете стать одой плотью. Общение — это не крик, не плач, не манипулирование. Общение — это умение услышать друг друга, а не только высказаться самому. Это стремление понять человека, а не пытаться изменить его.

> Брак — это не контракт, это завет.

Общение эффективно тогда, когда мужчины дают женщине почувствовать себя любимой, а женщины — дают мужчине понять, что его уважают. На эту тему существует множество книг, учений и блогов. Я вдохновляю вас уделять время тому, чтобы понять важность общения в отношениях; это очень поможет вам. Для меня и Ланы секретом успешного общения стало изучение языка любви друг друга. Согласно Гэри Чепмену, существует пять языков любви: слова поощрения, времяпровождение, подарки, помощь и физическое прикосновение. Я настоятельно рекомендую каждому прочитать книгу Гэри Чепмена "5 языков любви".

> Общение — это умение услышать друг друга, а не только высказаться самому.

Общение — это нечто большее, чем только произносить фразы и слышать слова, исходящие от другого человека. Это способность говорить на языке другого человека, чтобы он чувствовал себя любимым и уважаемым.

Например, мой основной язык любви — это служение; язык моей жены — физическое прикосновение. Я не знал этого до того, как женился. Первые несколько лет нашего брака между нами постоянно возникали трения, частично из-за того, что я проявлял к ней любовь на своем языке, так как хотел, чтобы она любила меня, вместо того, чтобы сосредоточиться на том, что помогало ей чувствовать себя любимой.

Иногда я брал выходной, чтобы прибраться в доме, помыть машину и тем самым служил ей на своем языке любви. Она, конечно, говорила спасибо, а затем спрашивала, не мог бы я сделать ей приятное и прогуляться вместе в парке, держась за руки. Я думал: "Только что я потратил на уборку твоего дома и машины шесть часов; я заслуживаю огромной признательности!" Я был уверен, что 6 часов моих стараний по дому было достаточно, чтобы показать, как сильно я ее люблю. Мне причитался перерыв от прогулок по парку "держась за руки" как минимум месяцев на шесть. Видите ли, если бы на её месте был я, то по-другому оценил бы труд того, кто убрался в моем доме. Я бы запомнил это надолго, потому что служение в действии много значит для меня. Бывало, я от досады обвинял Лану в том, что она не ценила замечательного мужа, который ей достался. Я даже злился на нее за то, что она не хочет сделать все домашние дела сразу. Корень проблемы заключался в том, что я говорил с ней на языке, на котором она не разговаривала, поэтому ее реакция была не совсем положительной. С другой стороны, она говорила со мной на языке, на котором я не говорил. Ее язык был и остается физическим прикосновением.

Я же вырос в традиционной украинской семье и единственное прикосновение, которое мы получали, — это когда нас шлепали. Прикосновения в моем понимании были связаны с чем-то не очень приятным. Ни один из моих родителей не выражал свою любовь ко мне объятиями и поцелуями, поэтому, естественно, мне было совсем нелегко быть нежным. Общение в нашем браке не работало, пока мы не выучили язык любви друг друга. Это заняло какое-то время. Становление одной плотью - это процесс.

И последняя составляющая процесса становления единым целым — это конфликты. Да, именно конфликты. Без них вы не сможете стать одним целым. Конфликты сами по себе не объединяют людей, но разрешение конфликтов сближает нас. Разногласия, споры и ссоры в браке естественны и в какой-то степени необходимы. Проблема заключается не в разногласиях, а в том, как мы их решаем. В этом случае существуют два способа борьбы — уличные бои (бои без правил), в которых вы наносите удары куда можете, чем можете, и как можете, стараясь победить соперника; и второй способ — это бокс, вид спорта, в котором существуют правила, например, куда именно можно наносить удары, присутствует рефери, также предполагается использование боксерских перчаток, а после боя вы обязаны оказать честь противнику. Данный вид спорта требует мастерства. Многие молодожены в конфликтах ведут себя словно в уличных потасовках, метафорически, конечно же. Их цель — выиграть спор любыми методами, а не урегулировать его. Они нападают друг на друга, а не на проблему.

Мы с Ланой приняли для себя несколько правил, которые соблюдаем, если ссоримся. Во-первых, мы не ложимся спать, пока не разрешим конфликт. Подобному учит Библия: не ложиться спать во гневе, то есть в конфликте. Бог хочет, чтобы мы бодрствовали, пока не решим конфликт. Обычно к 9 вечера я все еще не сдаюсь и убежден, что был прав. К 10 часам вечера я начинаю допускать мысль, что мог ошибаться. К 11 часам вечера я осознаю, что был неправ, и к полуночи я на коленях раскаиваюсь, как блудный сын. И честно сказать, данное правило изменило наш брак в лучшую сторону. Были дни, когда мы почти не спали, — это цена, которую приходилось платить за свое упрямство.

> Разногласия в браке естественны и в какой-то степени необходимы. Проблема заключается не в разногласиях, а в том, как мы их решаем.

Еще одно правило, которому мы следуем, — это не повышать голос друг на друга и не применять физическую силу во время спора. Если вы начинаете кричать или бить посуду, это резко снижает шансы выхода из конфликта. Сдержанность темперамента, напротив, даст вам больше шансов урегулировать ситуацию. Также мы пообещали друг другу не использовать слова "никогда" и "всегда" в споре. Эти слова не только разжигают огонь, они обычно являются преувеличением. Например, можно обвинить, что супруг *никогда* не убирает за собой и *вечно* сидит в телефоне. Но если он хотя бы один раз убирал и хотя бы изредка отключал свой телефон, то слова "никогда" и "всегда" неприемлемы. В реальности эти слова являются показателем более глубокого эмоционального разочарования, мы злимся больше, чем следовало бы.

> В конфликтах примите решение не использовать слова «никогда» и «всегда». Эти слова не только разжигают огонь и обычно являются преувеличение.

Следующее правило заключается в том, что при конфликтах допускается спокойно высказать недовольство, но не критиковать личность. Это означает делиться чувствами, а не нападать на личность. На усвоение этого правила ушло гораздо больше времени. Когда человек высказывает недовольство, это звучит так: "Я чувствую, что ты меня не любишь, потому что не проводишь со мной время. Ты тратишь больше времени на хобби и друзей". Критика личности звучит по-другому: "Ты ужасный муж, ты давно меня разлюбил, и я почти уверена, что ты уже нашел кого-то другого в интернете. Вот почему ты всегда в своем телефоне". Некоторые могут возразить, что оба утверждения одинаковы. Но это не так, одно из них описывает личные оскорбленные чувства, в то время как другое ставит ярлыки и критикует другого человека. Жаловаться и высказывать — это нормально, критиковать — плохо. В нашем браке мы приняли решение позволять друг другу высказывать чувства недовольства без сарказма или унижения супруга.

> При конфликтах научитесь спокойно высказать недовольство, но не критиковать личность.

Наконец, при разногласиях мы не вспоминаем прошлого, будь то нечто, что произошло до нашей встречи, или что уже решили в предыдущем споре и за что уже простили друг друга. Немудро и неразумно поднимать прошлые проблемы, которые уже решены, и связывать их с нынешним конфликтом. Бог дает нам благодать для сегодняшних сражений, но когда мы воскрешаем то, что Господь простил, и втягиваем это в нынешнюю ссору, мы усугубляем проблему. В наших ссорах были моменты, когда я был не прав, я чувствовал себя обиженным неудачником, поэтому у меня возникало искушение напомнить Лане о том, какой она была грешницей до того, как пришла к Господу, и как неправильно она жила. Этот аргумент не имел абсолютно никакого отношения к настоящему конфликту, это был диавольский трюк, чтобы заставить меня чувствовать себя лучше в то время, когда я был не прав. Однако однажды я дал слово, что не буду напоминать ей о прошлом, и с тех пор во время конфликтов мне приходилось гнать прочь подобные мысли от диавола. Были также времена, когда моя жена при конфликте вспоминала череду событий, произошедших за последние 3-6 месяцев. Это только усугубляло ситуацию и подливало еще больше масла в нынешний конфликт. Я напоминал о том, что сначала следует разобраться с настоящей проблемой и только потом мы можем обсудить произошедшее 6 месяцев назад. Я заметил, что разрешив нынешний конфликт, люди обычно не видят необходимости обсуждать то, что произошло несколько месяцев назад.

Запомните, невозможно стать одним целым без обоюдного посвящения, общения и лояльного решения конфликтов. Это Божий принцип становления одной плотью.

Итак, мы многое рассмотрели в данной книге. Например, глубже изучили историю Адама и Евы, начиная с их личностей при сотворении мира и заканчивая близостью с Богом. Мы разобрали важность вашего времени до брака и то, как открыть свое призвание и определиться с карьерой. Мы обсудили Божье предупреждение о том, чтобы не встречаться с тем, кто не разделяет нашей веры и ценностей. Мы подробно рассмотрели необходимость соответствия друг другу будущих супругов, а также важность усыпления своих интимных чувств и желаний до нужного времени. На примере Адама и Евы мы выяснили, что Бог предоставляет нам потенциального супруга или супругу, однако, выбор всегда остается за нами. Наконец, мы узнали о Божьих наставлениях относительно брака, данных Адаму и Еве в день их сочетания, и о том, как применять Божьи принципы в нашей сегодняшней жизни.

Я молюсь за каждого из вас, чтобы во время чтения этой книги, независимо от вашего семейного положения, свободны ли вы, женаты, разведены, овдовели или в активном поиске своей половины, Бог помог вам увидеть более ясную картину Его воли и какие отношения Он предопределил для мужа и жены. Я молюсь, чтобы эта книга помогла вам построить и сохранить долгий, счастливый и плодотворный брак, будь то сейчас или в скором будущем.

Да благословит вас Господь.

Как получить спасение?

"Веруй в Господа Иисуса Христа, и спасешься ты и весь дом твой" (Деяния 16:31).

Прежде чем поверить в Иисуса Христа, и принять Его как своего Спасителя, вы должны понять, зачем вам нужно спасение. Зонтик спасает от дождя. Шлем защищает от травмы. И только Иисус Христос может спасти вас от вечного наказания и власти греха.

Каждый из нас согрешил (Римлянам 3:23). Даже если мы стараемся быть хорошими людьми, мы все равно не дотягиваем до Божьего стандарта святости. Мы грешим против Бога каждый день, поскольку не исполняем Его повелений, записанных в Библии, таких как любить Его превыше всего, любить ближнего, почитать родителей, говорить правду и т.д.

Бог свят (совершенен и отделен от греха). Он накажет всех неверующих и грешников, отделив их от Своего присутствия в место вечных мучений, то есть в ад (Римлянам 6:23). Однако Бог очень любит человека. Из-за Своей великой любви Бог послал собственного Сына в этот мир, чтобы Сын Божий мог заплатить за грехи и спасти от наказания тех, кто поверит в Него. На кресте Сын Божий принял мученическую смерть за нас, затем воскрес из мертвых, таким образом одержав победу над грехом и смертью.

"Ибо если устами твоими будешь исповедовать Иисуса Господом и сердцем твоим веровать, что Бог воскресил Его из мертвых, то спасешься, потому что сердцем веруют к праведности, а устами исповедуют ко спасению" (Римлянам 10:9-10).

Если вы верите и хотите принять Иисуса Христа и получить спасение, помолитесь этой молитвой:

"Господь Иисус, я прошу Тебя, прости все мои грехи и очисти меня. Я верю, что Ты заплатил цену за все грехи и ошибки, которые я когда-либо совершал. Я прихожу к Тебе сейчас и отдаю Тебе свое сердце и свою жизнь. Я признаю Тебя Господом всей моей жизни. Я прямо сейчас принимаю в свое сердце Твою праведность и провозглашаю, что я спасен, и теперь я – Твое дитя!"

Добро пожаловать в Божью семью и вашу новую жизнь во Христе!

Об авторе

Владимир Савчук является пастором многонациональной церкви и лидером движения "Hungry Generation", которое имеет видение, направленное на спасение душ, исцеление, освобождение и подготовку молодых лидеров. Владимир является организатором ежегодных конференций освобождения "Raised to Deliver" ("Рождены, чтобы освобождать"), собирающих тысячи людей со всего мира. На базе служения он проводит школу обучения и стажировку служителей: одну для подростков, другую – для взрослых. Пастор Владимир Савчук участвует в качестве спикера во многих мероприятиях, конференциях, а также молодежных лагерях по всему миру.

Он родился и вырос в христианской семье в Украине. В возрасте 13 лет его семья иммигрировала в США, а уже в 16 лет Владимир стал молодежным пастором. Недавно он был рукоположен на старшего пастора церкви "Hungry Generation".

Владимир женат на прекрасной жене Лане, с которой любит проводить время и вместе служить.

Как нас найти

facebook.com/vladhungrygen

twitter.com/vladhungrygen

instagram.com/vladhungrygen

youtube.com/vladimirsavchuk

Если у вас есть свидетельство, связанное с данной книгой, пожалуйста, напишите мне на электронную почту: hello@pastorvlad.org

Выкладывая в социальных сетях что-либо, связанное сданнойкнигой, пожалуйста, используйте хештеги #pastorvlad #hungrygen #отсозданиядосвиданиякнига

Больше информации о служении на сайте: www.pastorvlad.org

Ссылки

[1] Flanagan, Graham (2017, November 10). Shaq: How Spending $1 Million in One Day Changed My Financial Strategy Forever. Retrieved June 12, 2019, from https://www .businessinsider.com/shaquille-o-neal-personal-finance-money-strategy-2017-11

Newcomb, Tim (2012, May 8). Call Him Dr. Shaq: Shaquille O'NealEarns Ph.D. Retrieved June 12, 2019, from http://newsfeed.time.com/2012/05/08/call-him-dr-shaq- shaquille-oneal-earns-ph-d/

Berman, Nat (2016). How Shaquille O'Neal Became a SuccessfulEntrepreneur. Retrieved June 12, 2019, from https://moneyinc.com/shaquille-oneal-entrepreneur/

www.ingramcontent.com/pod-product-compliance
Lightning Source LLC
Chambersburg PA
CBHW030150100526
44592CB00009B/211